ぜひ知っておきたい
昔の野菜 今の野菜

板木利隆 著

幸書房

イチゴの促成栽培

昔

果実には１個ずつにパラフィン紙の袋をかける

福羽イチゴの石垣栽培は昔の唯一の促成技術．
太陽光を受けやすい角度に河原で集めた石を積む
（昭和35（1960）年，神奈川県小田原市）

今

ハウス内に通路を広くとり，畝を高めにし，果実を外側に向けて植える．暖房機で夜の適温を保つ（香川県高松町）

腰をかがめての諸作業は大変なので，収穫には畝をまたぐ台車を用いている（神奈川県海老名市）

養液栽培により高設ベットにして，
作業の快適性を高めたイチゴ施設
（香川県三木町，らくちん方式）

苗づくり

昔

庭先の露地に，わら枠を作り落葉や稲わらを踏み込み，
発酵熱で加温により育苗される
（昭和30（1955）年，神奈川県秦野市）

わら枠温床の上には油障子を覆い，夜間はこもをかけて
保温に努める（昭和30（1955）年，神奈川県中井町）

苗床に，一年がかりで堆積して作られた床土を入れて
３～４回移直して育てられるキュウリ苗
（昭和30（1955）年，神奈川県中井町）

木骨・竹材を利用した先進的な共同育苗ハウスにおけるキュウリ
の育苗状況（昭和32（1957）年，神奈川県厚木市，人物は著者）

温室内に高設ベットあるいは，低設コンクリート枠を設け，室内暖房・床加温により育苗される（愛媛県重信町，村田農場）

多数の穴のあいた育苗トレイを用い，専用の用土を詰め，播種，潅水，覆土および発芽は自動的に行われる（佐賀県，ＪＡ全農育苗センター）

ポリエチレン鉢に移直され，でき上った接ぎ木キュウリ苗，台木はカボチャ

連作障害回避のためカボチャを台木として呼び接ぎされるキュウリ苗．手数がかかるので接ぎ木ロボットも利用されはじめた

今

整備された育苗温室におけるキュウリ苗の大量生産状況（秋田県鹿角市，ＪＡかずの育苗センター，人物は著者）

養液栽培

昔

養液栽培（礫耕）のベッド設置状態
(昭和38（1963）年，神奈川県横浜市)

養液栽培（ロックウール耕）のベッド
暖房配置設置状態（宮城県松島市）

今

養液栽培される品目はミツバ，トマト，レタスをはじめ，ネギ，
ホウレンソウ，イチゴへと広がってきた（神奈川県横浜市，滋賀県安土町）

昔

養液栽培の主要品目はキュウリ
(昭和38（1963）年，神奈川県横浜市)

軟化ミツバの収穫物

養液栽培（礫耕）におけるキュウリ苗の定植
（昭和37（1962）年，神奈川県二宮町）

昔

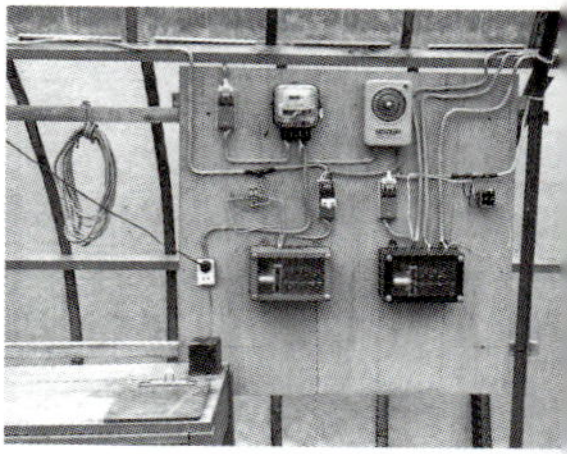

初期における養液栽培（礫耕）
の給液制御盤
（昭和37（1962）年，
静岡県興津町）

今

養液栽培（水耕）によるミツバ
の収穫物（静岡県浜松市）左下も

ホウレンソウの水耕も可能に（茨城県守谷町）

施設園芸

昔

夜間には保温のため稲わらであんだとまをかける

ガラス障子を覆って行われていたキュウリの枠促成．日中の換気状態（昭和32（1957）年，山梨県竜王町）

竹骨ほろ型ビニールハウスによるトマト半促成栽培（昭和29（1954）年，静岡県沼津市）

割竹を骨材に用いた小型ビニルハウスの骨格組立（昭和33（1958）年，神奈川県二宮町）

竹骨ほろ型ハウスによるキュウリ半促成栽培の夜間のこもかけ保温（昭和31（1956）年，神奈川県厚木市）

高知式ペーパーハウスを原型にした障子合掌式ビニールハウス（昭和29（1954）年，神奈川県二宮町）

今

ゆとりある高さでトマトは４ｍ内外にも伸び，電動作業台に乗って管理される
（福島県いわき市）

小型パイプハウス．初期の換気のために小穴が開けられている（徳島県板野町）

棟高は4.5ｍと従来型の２倍以上

⇦

最近増加してきた大規模なフェンロー型多連棟ガラス室
（１棟１ヘクタール，栃木県塩谷町）

鉄骨パイプハウスの側壁換気とコマツナの栽培状況（神奈川県平塚市）

鉄骨パイプ（鋼管）ハウスの骨格構造（神奈川県平塚市）

施設園芸

昔

煙突放熱式簡易ストーブが先進的な暖房装置（昭和32（1957）年，神奈川県平塚市）

今

大規模ガラス温室における炭素ガス発生装置（上）と暖房（右）（福島県新地町，栃木県大平町）

はじめに

皆さんは、今朝の朝食、昼食、そして夕食に、どんな野菜を食べたのか、あるいは何種類の野菜を口にしたのかを思い起こしたり、数えあげてみたりしたことがおありでしょうか。そして、それらの野菜の姿や味は、あなたの記憶に残っている昔のそれと、どう違ってきたのだろうか、そんなことを深く、具体的に考えてみたことがおありでしょうか。

実は、私たちが食べている野菜の種類やその姿・形、そして味は、知らず知らずのうちに、昔と今では大きな変り方をしてきているのです。また、姿・形、食味だけでなく、健康志向により栄養価、機能性、あるいは安全性からみた評価が重んじられるようになり、食生活の中での野菜の役割、ひいては、世の中における野菜のイメージが、昔と今では大きく様変わりしてきました。ときどき筆者も野菜に関する仕事や自家菜園の作業をしながら過し日を振りかえるのですが、今は昔、昭和三〇年代の、研究機関で野菜相手の仕事にとり組んでいたころは、新聞記事に野菜のこと、ましてそれを生産している現場の技術のことなど、ほとんど載ったことはありませんでした。ごくたまに載るのは、研究成果のPRとして相当よいネタを提供したとき、それもめぼしい話題が他にあまりなかったときでしかなかったように記憶しています。僅かにラジオの農業番組だけはありましたが……。

それが今日では、中央紙や多くの地方紙の随所に、ほとんど毎日といってよいほどに野菜関連の記事が掲載されるようになってきているのです。テレビ番組でも盛んに取り上げられるようになり、それがその日の品目の売上げにまで反響する現象さえ起こるようになりました。もちろん雑誌や書籍にもたくさん野菜がとりあげられ、啓蒙されています。

それと共に、とくに昨今は輸入野菜の増勢が目立ってきて、国際競争が激化し、ついに先般、ネギ、シイタケなどにセーフガードの暫定措置が発動される事態になるなど、野菜が国交問題までにもクローズアップされるようになってきました。

このような情勢にあるときだけに、この辺りで昔の野菜の姿を思い起こし、今日への歩みをたどり、そして現在の野菜の姿、素姓、さらには生産現場、作る人の様子の奥深いところを探ってみることは、大変興味のもたれるところでありましょう。それはこれからの野菜との付き合い方、産業としての方向を探る上からも重要な意味があるものと思われます。

本書の巻頭はこれら野菜の変化を見る視点、中心部分は昔と今で変った野菜の種類（品目）とその変り方を述べ、後半には栽培管理面での技術の移り変わりと現状、そして輸入の動き、安全・安心な野菜など、これからの方向にまつわることを取り上げてみました。

できるだけ読み物風にと心掛け、執筆したつもりですが、随所に技術書的な固いところが生じてしまうなど、十分意を尽せないものとなってしまいました。悪しからずご判読いただき、野菜好きの方々、野菜関係の仕事に携わる方達、そして手作り野菜を楽しんでおられる方に、いささかでもお役に立つことができればまことに幸甚に思います。

平成十三年六月

板木　利隆

目次

第一章　「昔」の野菜はどこへ行った――野菜変化をみる視点

一　真っ先にでるのは「味」

「子供のころ食べたトマトはこくがあり美味しかった」、「近ごろのキュウリは風味が無くなった」、「ホウレンソウの味が薄くなった」、などという言葉がよく聞かれます。確かに野菜の味は、昔を思い出してみるとだいぶ変わってきたように思われます。そのため野菜の変化を、世間では端的に味としてとらえて、話題にされる場合が多くなってきていますが、実はその変化は単に味だけにとどまらず形、色、大きさはもとより、出回る時期、種類、荷すがた、そして食べ方も、昔と今では大きく様変わりしたのです。このように変わってきた背景には、生産現場の事情はもとより、流通形態の変化、消費者の生活や意識の変化など、極めて広範にわたる複雑な要素がからみあっており、まことに奥深いところがあります。

その全貌について、明快に述べることは極めて難しいことですが、野菜を仕事の対象として半世紀を越える年月をすごし、現在も野菜の技術コンサルタント活動を続ける傍ら、自家菜園でもかなり多くの野菜を栽培し、平素から野菜との付き合いを深めていますので、その間に重ねた経験と得られた情報にもとづいて、できるだけ多くの野菜についての話題をとり上げ、「昔」と「今」の視点から取りまとめてみることにしました。

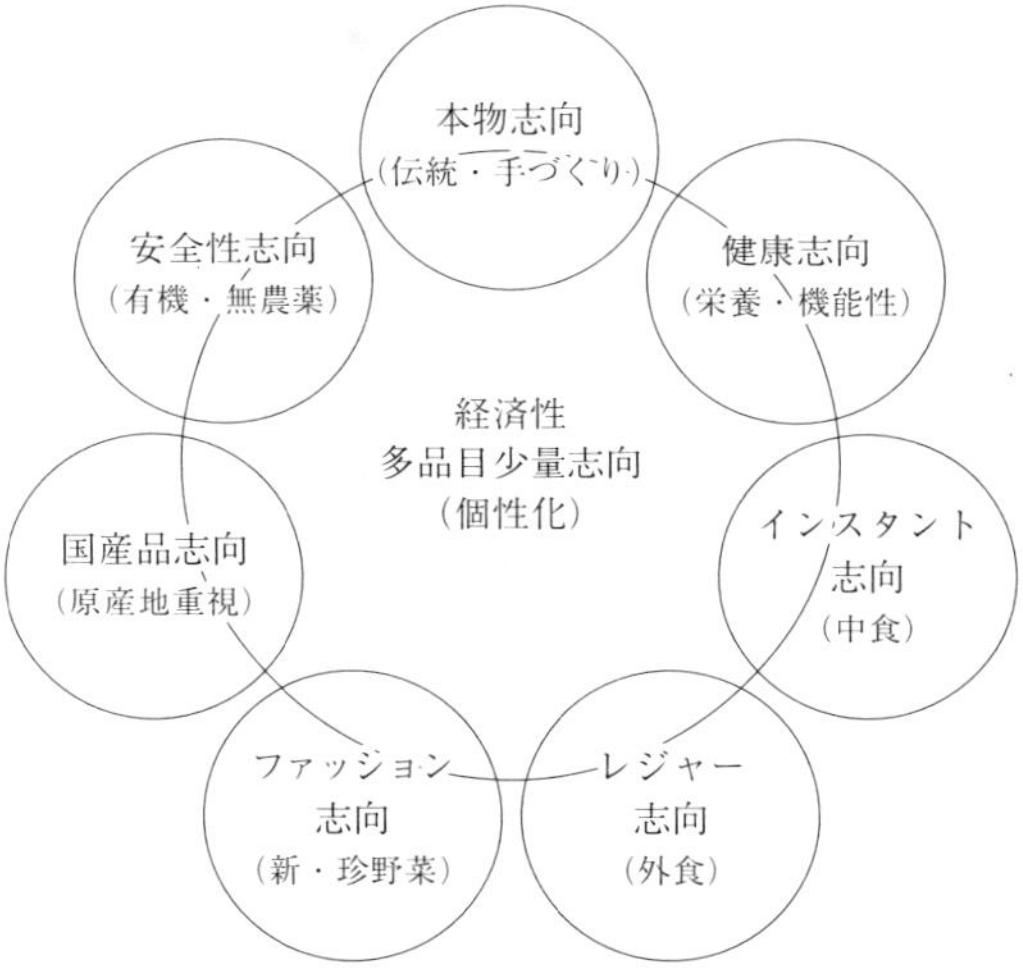

図1　野菜に対する消費者ニーズの多様化

二 「昔」と「今」

「今」とは現在の時点でよいのでしょうが、「昔」を何時の時点にとらえるかは判断に苦しむところです。仕事を通してお会いした多くの方々に、野菜の場合ということで伺ってみたところ、(1)昭和初期以前、(2)昭和三〇年頃以前、(3)昭和四〇年頃以前と、性別、年齢に関係なく大まかに三つにわかれる回答がえられました。このちがいは、個人の生活経験や歴史の見方によりちがうと思われます。そこで本書では、これから取り上げる野菜の種類や話題に応じて、大きな変化が見られた前の年代をその野菜の「昔」ととらえることにし、無理に統一することなく、その都度記載しながら筆を進めることにしました。あとで全体を通してみると、「昔」

というのはだいたい、昭和三〇年代半ばから四〇年半ばに至る、高度経済成長の影響を強く受ける前の段階を指す結果となったようです。

三　量から質へと変化する野菜

振り返ってみると、昔の野菜と今の野菜の、味を中心とした変わり方の話題がとくに多くなりだしたのは、野菜が不足し価格上昇が社会問題にまでなり、生産増強を図った時代に終りを告げ、野菜の消費が伸び止まりとなり、量から質へと社会のニーズが大きく変わってきた昭和五〇年代に入った頃からのことと思われます。すべての野菜が品質的に劣り、まずくなったのではないことは、これから述べますが、昭和三〇年頃から四〇年代後半にかけて、高度経済成長の波に乗って生活様式が変わり、周年的な需要と消費の増大が起こり、それに応じるために、量を優先した生産が行われてきたことが、品質の劣る野菜が出回る大きな原因になったといってよいでしょう。このことは昭和五二年に食品成分表が三訂から四訂に、一九年ぶりに改められたとき、野菜・果物のビタミン成分量などが大幅に減らされたことからもうかがわれるところです。

しかし、それ以降、石油危機を一つの契機として、かなり急な、成長から均衡への社会・経済情勢の変化を受けて、野菜事情も大きく変貌しはじめたのです。野菜の評価基準が量から質へと変わ

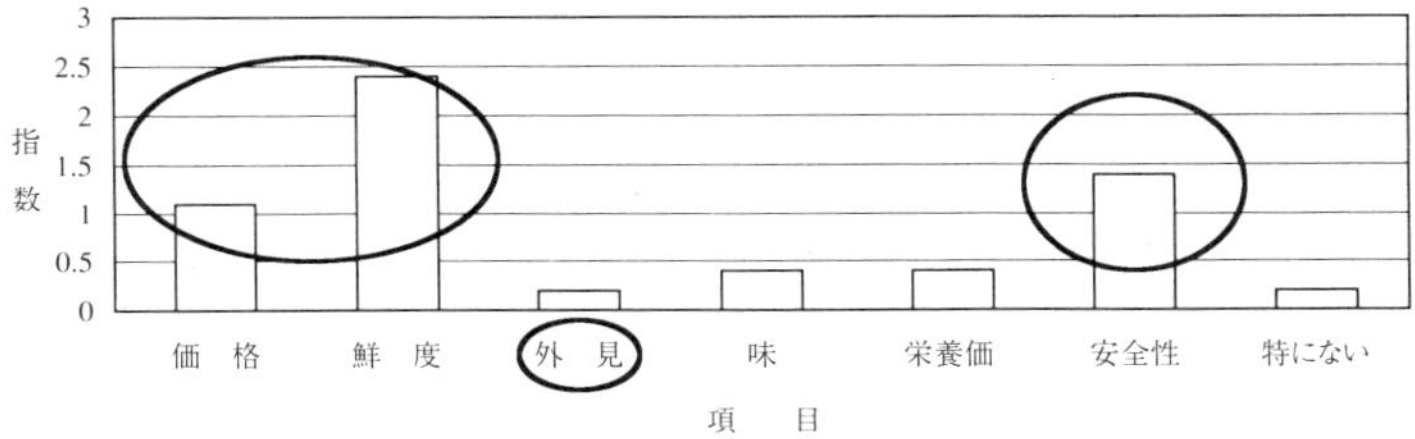

図 2　野菜を購入する際，重視する点
（慶応大学マーケティング研究部調査）

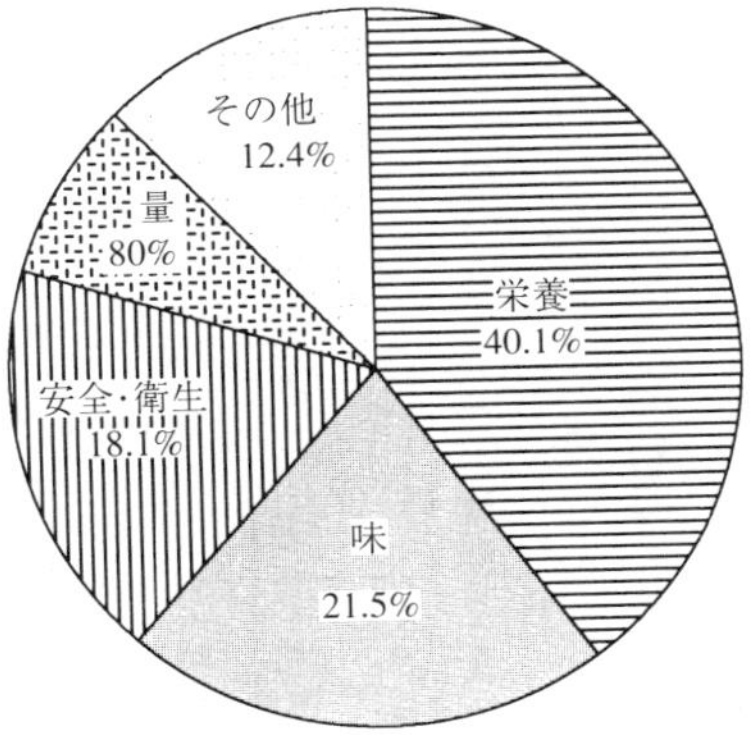

図 3　野菜についての話題
（食料品消費モニター調査結果）

り、それに応じて生産技術の方も早い足取りで、収量性、強健性、輸送性、栽培のしやすさなど生産者側重視の選択から消費者側の購入目的に沿うものに大きく変化してきたのです。ですから、近年の二十余年の間にはまた美味しく、品質的に向上したものが多数出回るようになりました。このように野菜の種類によっては、今昔の時点のとらえ

かた方次第では、「昔はうまかった」とは逆の言い分がでてくることになります。また、品質の評価要因も、味(味覚)、見かけ(視覚)だけでなく安全性、栄養、食品としての機能性など社会的な要素が大変重視されるようになり、これらを総合的に判断して決められるというように、評価の物差しが大きく変わってきました。今日のような物差しではかると「昔」、あるいは「大昔」の野菜はどのように評価されるであろうか、ということもまた興味深いところとなってきます。

四 「氏」、「育ち」、「頃合い」、「たて」、で決まる品質

野菜の品質は「氏(うじ)」、「育ち(そだち)」、「頃合い(ころあい)」、「たて」、の四項目で決まるという大久保氏の言は、品質を支配する要因を、まことにうまくいい表していると思います。すなわち、「氏」は種子からもたらされる遺伝的素質の品種や純度であり、「育ち」は土、肥料、気象などの栽培環境のすべてを指し、「頃合い」は収穫や食べるのに最適な時期であり、「たて」はもぎたてやとりたてのことで、最高の品質で収穫したものをそのままに近い状態で消費者に届けるための流通技術に関わることなのです。個々の野菜について、これら各要因の、昔と今の違いを明らかにすれば、総合的な品質の変わり方が浮かび上がってくるといってよいでしょう。

「昔」と「今」の、姿や品質などが大きく変わったと思われる野菜について、その事情を調べて

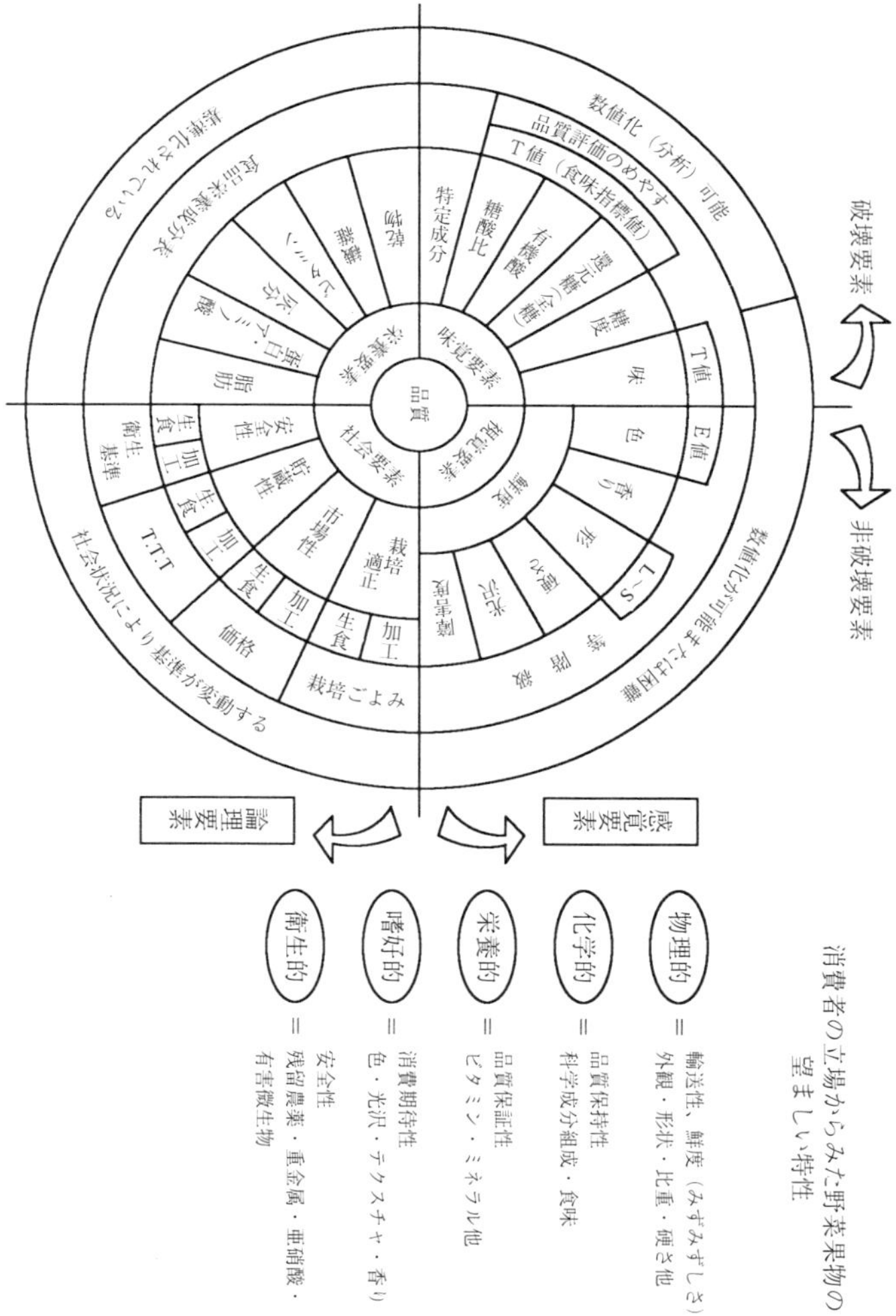

図4　野菜・果実の品質評価要因と考え方（中川）

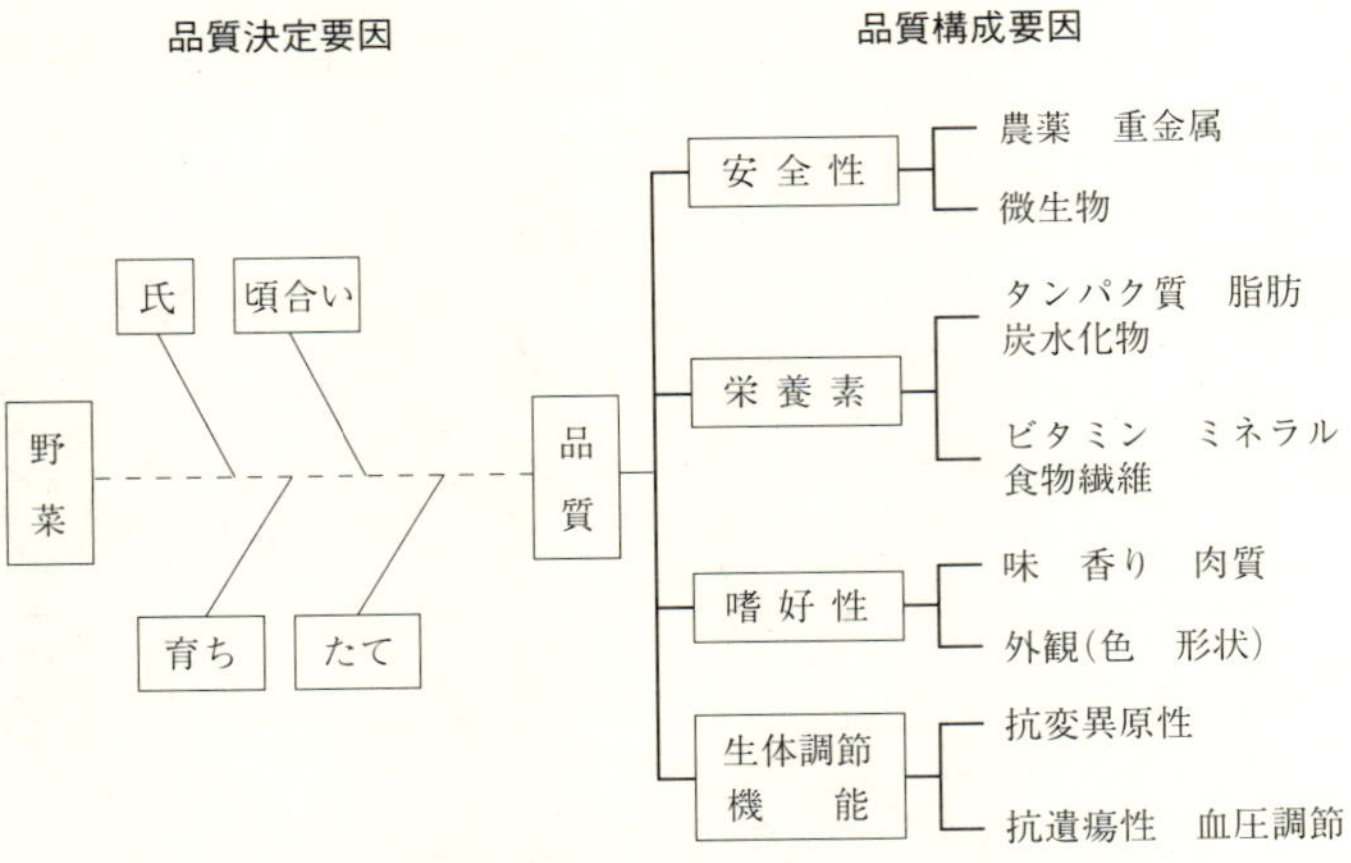

図 5 野菜の品質の構成要素と決定要因（大久保）

野菜の重要度（主要野菜・指定野菜）

農林水産省は行政的な視点から、主要野菜として二八品目を選定し、これを次のように分類している。

葉茎菜類：**ハクサイ**、**キャベツ**、**ホウレンソウ**、**ネギ**、**タマネギ**、**レタス**、セルリー、カリフラワー

果　菜　類：**ナス**、**トマト**、**キュウリ**、カボチャ、サヤエンドウ、エダマメ、サヤインゲン、未成熟トウモロコシ、**ピーマン**

果実的野菜：イチゴ、スイカ、露地メロン、温室メロン

根　菜　類：**ダイコン**、カブ、**ニンジン**、ゴボウ、レンコン、**サトイモ**、ヤマノイモ

なお、野菜生産出荷安定法に基づく指定野菜は、太字で表した前述の一三品目に**ジャガイモ**を加えた一四品目である。

みると、それぞれにかなり異なった要因が関係していることが判ります。ではさっそく、代表的な野菜二〇種についてその詳細を探ってみることにしましょう。

第二章　「昔」と「今」で変わった野菜、その変わり方

一 トマト

普通の露地栽培でトマトを育てた経験のある方はお判りのように、その収穫はじめは、関東以西の平坦地では通常六月下旬からとなります。ですから、ほとんどが露地栽培に限られていた頃のトマトは、七～八月が主な出回り期でした。それがビニールハウスやガラス室などによる施設栽培、それに加えての簡易な雨よけハウス栽培などの普及により、昭和三〇年代半ばから急速に出荷期の幅が広がり、食生活の洋風化の波に乗ってぐんぐん需要を伸ばし、栄養的価値が高いという評価も加勢して、ついに、数年前から市場販売高第一位の野菜に成長しました。

その味については、年輩者は、かつて旬のものを輝く太陽のもとで丸かじりしたうまさが忘れられないというむきもありますが、それは古い昔のこととして、昭和四〇年代半ばごろからの出荷期が大きく広がってからは、「秋冬季のハウスものはまずい」との声が聞かれるようになってきました。トマトは大変光を好むのですが、冬の弱光期に、光をかなり遮った被覆下で、ゆっくり肥大する栽培になったため、日数では補いきれない光量不足の状態におかれ、「味」という大事な品質に影響していたのです。これが人気の足を引っ張る原因となっていましたが、おしなべて収量本位であった栽培技術も、品質を置き去りにして薦められていたことは否めません。

このような品質面での不人気を救ったのは品種の力です。トマトの品種改良は野菜の中でも特に

図 6　世界におけるトマトの伝播（星川）
（図中の数字は世紀を示す）

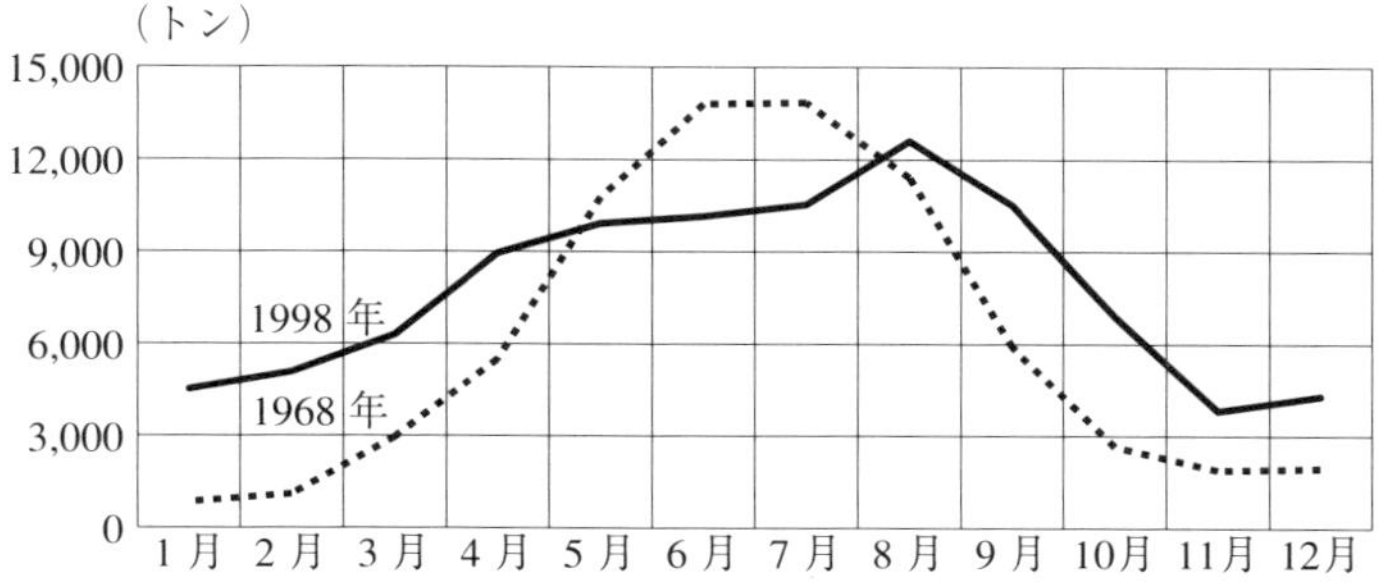

図 7　東京市場月別入荷量（**トマト**）(30年前との比較)
※1998年のデータは「'98東京都中央卸売市場青果物流通年報野菜編・果実編」.
1968年のデータは「昭和43年　東京都中央卸売市場年報農産物編」より参照.
(同様のグラフは，「ショウガ」まで上記に基づき作製)

活発に行われてきており、一代雑種（F1）の利用も極めて早かったのですが、早生性、強健・多収性に改良の主眼がおかれていたため、品質面では消費者に十分な満足を与えるものに至ってはいなかったのです。それが昭和五〇年代後期に育成された新品種「桃太郎」は、果皮が堅く、ジューシーで粘質な果実をつけ、完熟状態になっても果実がつぶれず荷痛みしにくく、味が十分のってから収穫できるので「美味しい」と、高く評価されて人気を集めました。平成元（一九八九）年には主産地における品種割合で、冬春作型の五五％、夏秋作型の八三％を占めるまでになり、今日に至る美味しい完熟トマト時代をリードしてきました。「桃太郎」は従来の品種に比べて草勢が弱く、育てにくく、収量が少ない難点はありましたが、栽培技術の改良が進められ、実用品種として完全に定着しました。

一方、ミニトマトは、本来持つ高糖度の性質に加

優劣の法則とF1

メンデルは市販のいろいろな種類のエンドウを人工的に自殖させ、その性質が変化しないことを確かめたあと、七つの形質について異なる個体のあいだで交雑を行いました。その結果、例えば、種子の形について球粒としわ粒を交雑した雑種第一代（F1）は全て球粒のみが現れます。このように、F1に一方の親の性質のみが現れる原理を優劣の法則といいます。

なお、種子の形の球粒としわ粒のように、相対して異なる形質を対立形質、その対立形質を伝える遺伝子を対立遺伝子といいます。また、F1で現れる形質を優性形質、現れない形質を劣性形質と呼んでいます。

現在の主要野菜の品種の多くは異なる形質をもつ二つの親系統を支配して、栽培・利用面で優れた優性形質が現れるようにした一代雑種です。これから得られる種子はF2となり形質が分離してしまうので、種子はその代しか利用できません。

え、育てやすい性質を持った品種への改良が進められました。「子供の弁当の友」や、サラダなどの付け合わせに用途を広げ、人気を集めてきました。果実が小さいうえ果皮が薄くて果面裂果しやすいことなどが生産上の大きな問題ですが、裂果の少ない品種への改良や、少し大きくて味もよいミディトマトの優良品種の出現で、新たな展開が図られてきています。また最近は、欧州系の切っても果肉がくずれない赤色系（わが国の従来品種は完熟型を含めてすべて桃色系）の加熱調理用に適した品種の生産もみられるようになり、昔では考えられもしなかった食の多様化への敏感な対応が行われています。

栽培方法についても、施設園芸で以前は着果増進のためのホルモン散布を行っていたのですが、それをマルハナバチという訪花昆虫の利用に替えたり、害虫駆除に天敵を利用して、化学薬剤を使わないで、安全性の向上・環境調和や作業の省力化が図られて

ホルモンによる着果増進

ナスやキュウリに比べて、トマトの花は天候や栄養条件に支配されて落花しやすいものです。これを着果させるために、植物生長ホルモンの手助けを借りることができます。このホルモンは人間には無害なので、ひろく使用されています。

与え方は、一つの花房のなかで花が二〜三花咲いたころを見計らって、その花房全体にかかるように、トマトトーン一〇〇倍液やトライロン七〇〇倍液など、所定濃度のホルモン剤を、霧吹きで二〜三吹き散布します。この処理は早い時期の花房には安全ですが、高温期になると、落花は防げても、ついた果実に石灰欠乏による尻腐れ症が多発するので、実用効果があがらないのが普通です。

また、濃度が高過ぎたり散布量が多過ぎると変形果が多くでるので、注意が必要です。

います。また、連作障害防止のための農薬による土壌消毒に代り、耐病性のトマト台木を用いた接ぎ木苗を利用したり、熱水を土中に注入し、高温で土壌病害虫を撲滅する技術が用いられたりしています。このような各種の対策により、農薬の使用量は、昭和四〇年代半ばにくらべると現在はゆうに三分の一以下に減ってきたといって間違いないでしょう。また連作障害対策と省力化、周年生産を図るための養液栽培がロックウール耕などの新方式を加えて本格的に普及しはじめました。このような養液栽培に用いる肥料の成分バランスのとれた培養液を、通常の土の栽培に応用した養液土耕も、過剰な肥料成分を与えない環境に優しい技術として注目され、相当な勢いで伸びてきつつあります。

特殊な技術ではありますが、水や肥料を極端に控え、トマトの草体に大きなストレスを与えることにより極めて高糖度・高栄養の果実生産をねらう永田

トマトが「野菜の王座」にのしあがるまでの歴史

トマトがわが国に渡来したのはおよそ二七〇年も昔とみられ、赤ナスと称してもっぱら観賞用に作られていたようです。今日のように生食用としての栽培が始まったのは明治の初期、開拓使によって再輸入されてからです。それも当時の赤色系品種では受け入れられず、明治末期になって臭味《くさみ》の少ない桃色系品種が輸入され、それをもとにして国内での品種改良が進み、ようやく需要が伸びてきたという歴史をもっています。

今日では三大野菜の一つに数えられる重要な位置を占めていますが、キャベツやタマネギなどとともに、この六〇年ほどの間に急速に伸び、日本の野菜の王座にのしあがってきた外来野菜であるわけです。

もっとも、欧米でもわが国より早く一般化したものの、他の野菜に比べると栽培の歴史は浅く、世界的にみても一八世紀の中葉以降に伸びてきたもので、このような見方をすればまだ新しい野菜の部類にはいります。

農法（緑健農法）などが差別化商品作りを刺激し、それに類似した高糖度トマトの生産も随所で行われています。ストレスをかけるために、当然のことながら収量が減り、大変単価の高いトマトになってしまうので、どの程度の消費者に受けいれられるのか、ということについては予測がつきにくいところですが、これらのことがトマト作りを一層活性化し、昔とは大きく趣の異なったトマトにしていることは確かです。

二　ナ　ス

ナスはインドの原産で、わが国へは中国を経て渡来し、奈良時代にはすでに栽培されていたといわれるほどに歴史の古い野菜です。熱帯産ですから寒さには弱いですが、適期をまって種まきすれば比較的よく育ち、実どまりがよく、暑い夏を越して長期間収穫できます。漬物、煮物、揚げ物、焼き物など用途が実に広く、食生活に欠くことのできないものとして重宝がられ、早くから全国各地で栽培されていました。この点、同じ果菜類でもトマトやメロンとは大変に事情を異にしています。また、栽培しているものから容易に種子がとれるので、よいものを自家採種して、各地に特徴のある数々の品種、系統が生まれ、地方の在来品種としても定着してきました。

地方により果実の形や大きさについての好みは様々であり、丸いものから卵形、長卵形、長形、

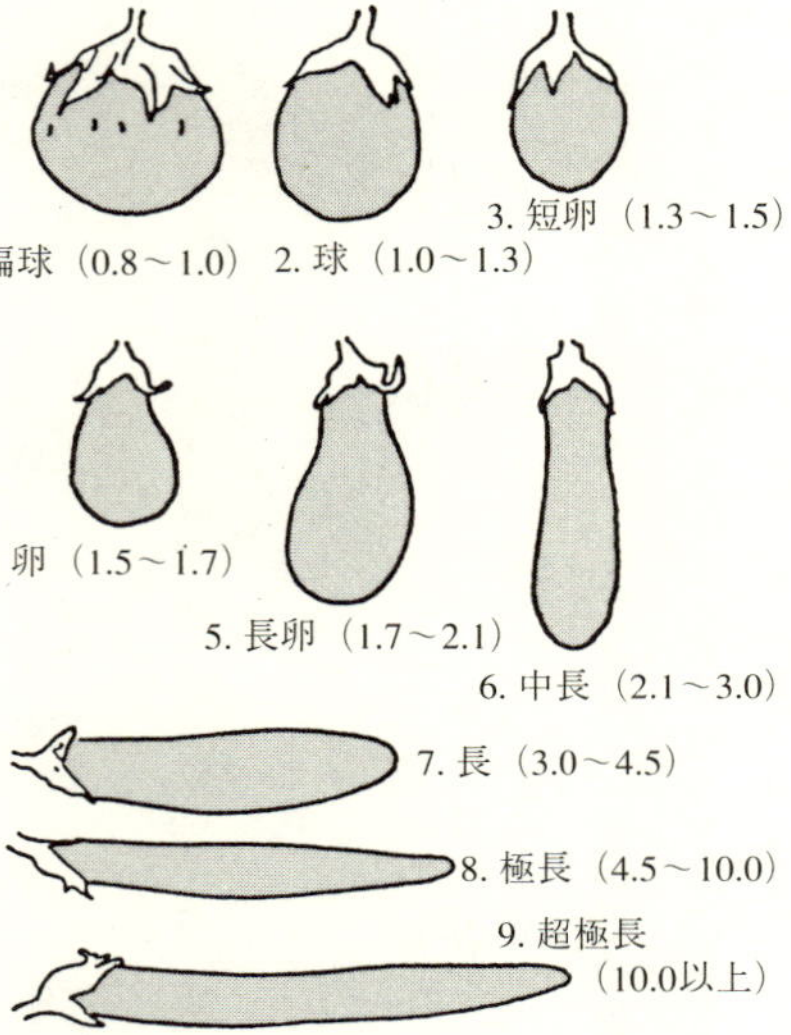

図 8　ナスの果形（山川；蔬菜園芸ハンドブック）
（数字は果形指数　長径／短径）

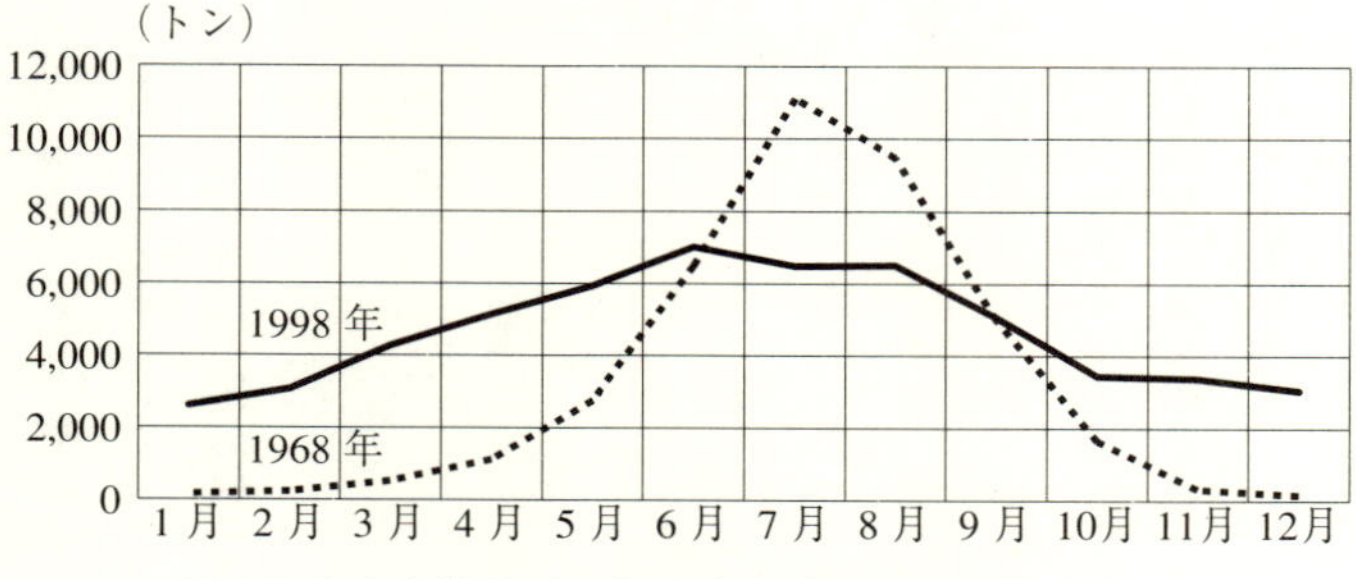

図 9　東京市場月別入荷量（**ナス**）（30年前との比較）

大長形まであり、大きさは卵より小さい一口ナスから、長さ三〇～四〇㎝以上あるものまであります。また、色はいわゆる茄子紺の黒紫色が大部分でしたが、中には白色、黄色、緑色、白緑まだらなど、海外から入ったそのままのようなものもありました。

昭和二〇年代に入って品種改良が盛んになり、色沢がよく揃いのよい品種が生まれ、やがて一代雑種（F1）品種の優れたものが各地方で育成され、それらの普及が進んできました。ここで注目すべきは、ナスのF1は大正一三（一九二四）年に、わが国の埼玉県農業試験場によって育成されたのですが、これが野菜におけるF1利用の世界初の仕事といわれていることです。今日野菜の品種の多くがF1になっていることについては、本書の随所で述べていますが、ナスは最も早くF1に置き換えられた野菜です。

昔（昭和の中期ごろまで）、全国に分布していたナスの品種を概観すると、関東以北で卵形の小～中果、東北の太平洋側では卵形の中や中長果、東北の日本海側には卵形の他球形の小～中果、東海以西は卵～中長の中～大果、そして九州には長～超極長の大果となります。

著名な品種を若干上げると、秋田の「河辺長」・「仙北丸」、岩手の「南部長」、宮城の「仙台長」、山形の「民田《みんでん》」、新潟の「魚沼巾着」、東京の「砂村」・「蔓細千成」、埼玉の「真黒《しんくろ》」、愛知の「橘田」、京都の「賀茂」・「山科」・「椀《も》ぎ」、大阪の「大阪中長」、奈良の「千成」、兵庫の「大市」、島根の「津田長」、愛媛の「松山長」、高知の「十市《といち》」・「指宿《いぶすき》」、福岡の「博多長」・「久留米長」、宮崎の「佐土原」などとなります。

これらの品種は、昭和四〇年代に入るころから、後述するような栽培法の改良・進歩、輸送園芸の発達、産地規模の拡大、そして、大量流通時代に入るとともに、形の揃った、選果・箱づめしやすく、規格化しやすいもの、多くは長めの卵形のものに変ってきました。中でも大手種苗会社により育成された「千両」、「千両二号」は各作型で圧倒的に多く普及し、「改良早真」、「はやぶさ」などを加えた少数の品種に限定されていきました。この流れは地方都市、そして農村部まで呑み込み、地方品種の多くが消え失せてしまいました。

現在でも流通ナスの大半がこのタイプであることはご存じのとおりですが、この単調化に対して昭和五〇年頃、九州（福岡）から首都圏、阪神市場に長ナスを売り込む動きがでてきてから、柔らかくて美味しい味を評価する消費者も次第に増え、取扱い高を伸ばしてきました。秋冬期から春にかけては高度

親の意見とナスの花

「親の意見とナスの花には、千に一つのあだもない」――と昔の諺《ことわざ》にこんなものがあるので、開花した花は全部実になると誤解される向きも多いようです。実はこれ、両全花（一つの花の中に雌しべと雄しべがある）であることと、ほかの果菜類より放任しておいても比較的よく実がつくことをたとえたものと思われます。

よく調べてみると順調に生育している場合でも、全期間を通じて三～四割は落花しているもので、決して全部実どまりするわけではありません。

栄養状態がよいと、雌しべの長い健康な花になり、逆に肥料不足や他にたくさんの果実をつけたりしている場合には、雌しべの短い不健全花になり、落花する花の割合がもっとふえてしまいます。雌しべの短い花がつきはじめたら、早めに追肥したり、若どりしたり灌水して元気づけてやることが大切です。

の暖房を必要とするところから、この時期の生産は温暖な西南暖地で多く行われてきましたが、暖房による生産量の多い高知では、これらの他に促成用の小型の丸ナスも取り入れるなど、目先の変ったものが市場にも見られるようになりました。

ナスは高温性なので大昔は初夏にならないと口にすることはできない作物で、少しでも早取りしようとし、油障子をかけ醸熱加温した温床での苗づくり（二か月促進）は既に一四世紀には行われた記録があります。さらに早くするために、植え付け後も油障子で覆う促成栽培も、キュウリとともに極めて早く一六世紀の慶長年間に始まっていたと伝えられ、以来、江戸幕府の財政逼迫《ひっぱく》の時には、奢侈《しゃし》戒《いまし》めの初物禁止令（「何月まではナスは食べてはならぬ……」）が再三発令された記録があるほどに粋な庶民に人気があったようです。障子のフレームは大正・昭和に入ってのペーパーハウス（西南暖地）、ガラス温室（東海地方）、それに温泉熱利用（鹿児島指宿《いぶすき》）などへと移り変わり、今日のビニールハウスなどの促成栽培へと発展してきました。

近年、関東の主産県や近畿圏では主にトンネル、簡易ハウスなどによる栽培が行われますが、西南暖地の主産地では、大規模の連棟ハウスによる長期多収の作型が取り入れられています。例えば七月に種まき、育苗し、九月に植え付け、一〇月から翌年六月まで収穫・出荷するのです。ナスは温度、光線、湿度などの環境に敏感に反応しますので、その管理に留意しながら栽培するのですが、特に着色、果面の光沢をよくするために、茎葉が込み合わないよう葉を適宜《てきぎ》摘み採り整理しなければならず、収穫とこの作業が重なるので大変です。ほぼ一年にわたる作業が続き、夏休みも取れないだけに、余計に問題でした。しかし、最近は、多くの産地で接ぎ木など困難が伴う育苗や、収穫後の選果・箱詰・包装・出荷を、育苗センターや共同集出荷場に委託し、日常の栽培管理は設備や作物管理を工夫改善することにより、大幅な省力化が図られ、夏休みも十分とれるようになってきたようです。

失われつつあった地方品種も、流通・販売の多様化により、再び見直されようとしてきました。大量流通を押さえ、地場流通を、という声も聞こえてきています。近頃、野菜市や直売では特徴あるナスが顔をだしてきたのは頼もしいことです。また、自家菜園でもこれらを取り上げる向きも多くなっているのではないでしょうか。私の菜園でもここ数年来、長卵形の普通の市販品種に、仙台中長、そして四国・九州の長ナスを必ず加えて、それぞれの味と姿を楽しんでいます。性質が違うので作柄の危険率分散にもなり、思わぬ実益も見出だしているところです。

三　パプリカ

パプリカという呼び名の野菜は昔の日本にはなかったので、本稿で取り上げた野菜の中では唯一、昔が無く今だけを記述する新顔の種類ということになります。

トウガラシの中の甘味種で肉厚の楕円形のものがお馴染みのピーマンですが、その仲間のベル型

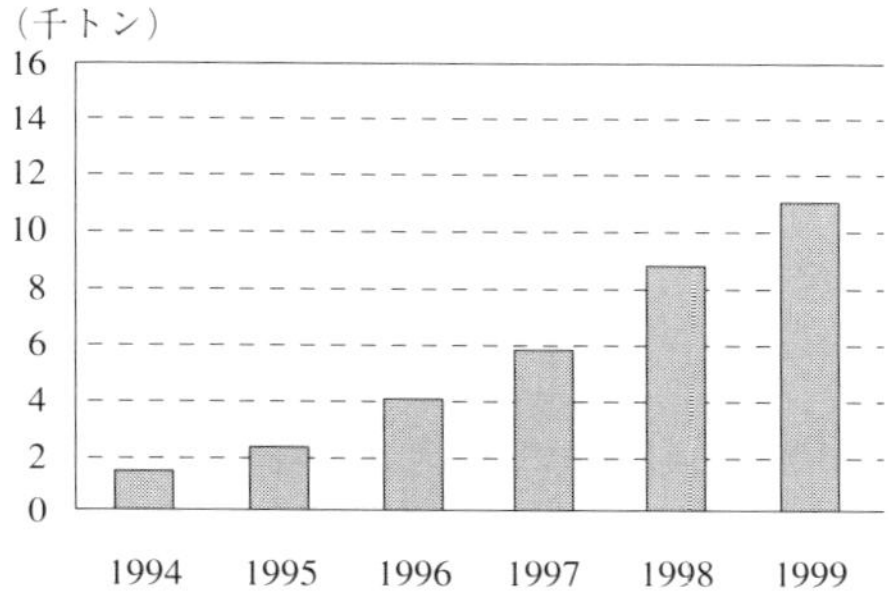

図10　パプリカ輸入量の年次変化

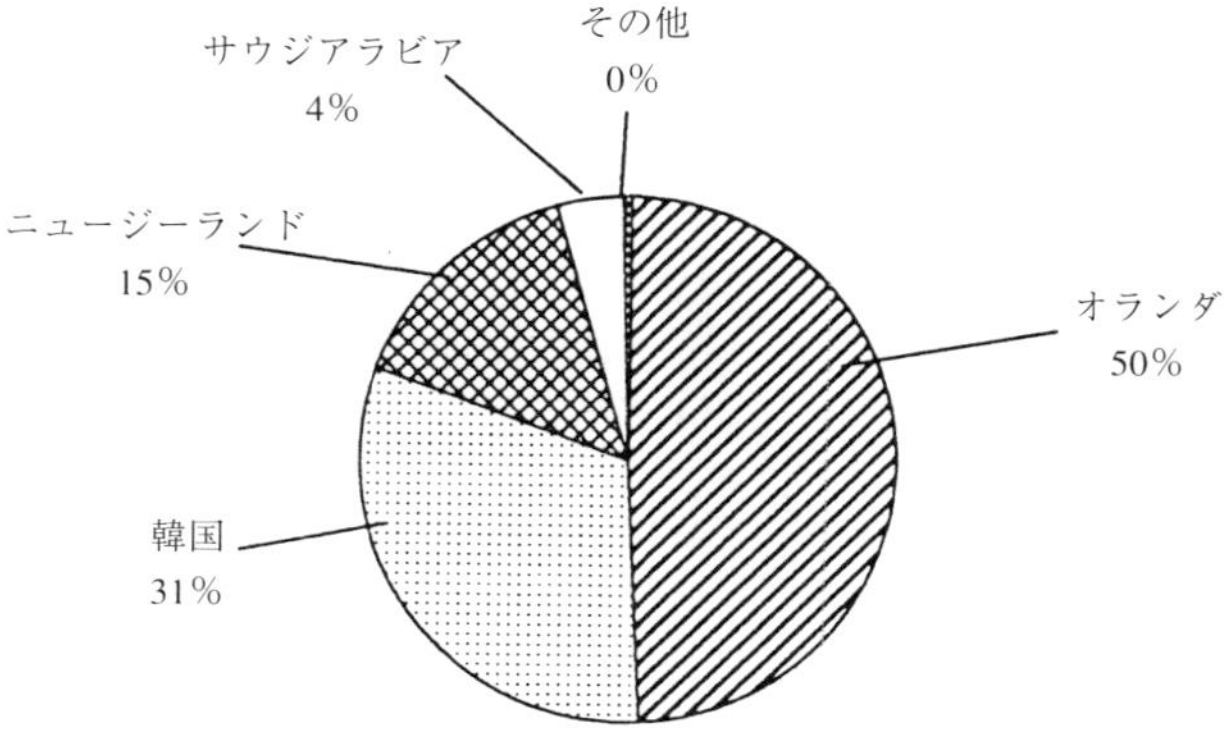

図11　平成7（1999）年 パプリカ輸入量の内訳
（資料：野菜供給安定基金）

完熟の着色果のものが輸入されるようになって使われはじめた名称で、いうなれば、果重が一〇〇g程度以上もある大型・肉厚のカラーピーマンなのです。実はパプリカという名の肉厚で腰の低いピーマンがさきにハンガリーから輸入されて一部に出回っているので、これを知っている方は混同しがちですが、これを含めてカラーピーマンと考えてよいと思います。先の尖った細長い完熟果の品種もありますが、ヨーロッパではこれらは「チャールストン」、「ニューメックス」もしくは「イタリアンタイプ」などと区別して呼ばれているようです。いずれにしてもパプリカという名の知名度が高くなってきたのは、輸入が増え始めた数年前（平成六〜七年）からのことです。

パプリカはヨーロッパや北米において盛んに栽培され、広く市場に出回っており、その果色は赤、オレンジ、黄、茶、緑、白、紫、黒の八色が数えられています。色づいているとはいえ、色によって着色の過程は異なり、赤から茶までは完熟果実であり、それ以下は未熟果実です。通常のピーマンでも長く収穫しないでおくと熟して赤くなることは経験した方もおありでしょうが、前者はそれと同じ成熟現象により発色したものです。ですから中の果肉も色付いており、糖度は八度内外あり甘味が強く、苦みなど味にくせがありません。

これに対して緑、白、紫、黒は未成熟果実であり、果肉は緑で風味はピーマンに似ており、黒や紫などの濃い色は果実の表面だけにしかついていません。現在一般に出回っているのは赤が最も多く、ついで黄であり、他の色は少ししか無く、あまり伸びていないようです。

パプリカがはじめて輸入の統計数字（大蔵省貿易統計）に載ったのは平成二（一九九〇）年で、

わずかに二トンでしたが、その五年後の平成七（一九九五）年には二三五四トン、さらに五年後の平成一二（二〇〇〇）年には一万四〇〇〇トンに迫るという急増ぶりです。

顧みますと、戦前は全く需要が無かったピーマンが、昭和三〇年頃から徐々に伸びだし、とくに四〇年代半ばからの栄養価値重視の食品志向にのって順調に需要が伸びてきましたが、その傾向も昭和六〇（一九八五）年で頭打ちとなり、出回り量はやや減少傾向になっていました。

その原因の一つに苦みをもった独特の風味が子供のころ嫌いであった（学校給食などの体験から）年代が親となり、食材としてあまり好んで用いられなかったことがあるものと思われます。また、近頃の子供もかつてほどではないが、嫌いな方であることがあげられます。料理の使い道が限られていたことにも原因があるでしょう。

そこへ、味にくせが無く、食べやすくて、サラダや各種洋風料理にと用途の広いパプリカが登場したのですから人気は盛り上がってきました。完熟品は緑の従来のピーマンに較べて約六倍のビタミンAと一・五倍のビタミンCを含んでおり、熱を加えてもその量はほとんど減らず、綺麗な色も保たれるという特長を評価した人が多かったかもしれません。はじめのうちはオランダからの輸入に限られ、価格が大変高く、需要者はかなり限定されていましたが、すぐに後を追うようにして韓国、ニュージーランドなどの国からの輸入が急増し、次第に価格は求めやすいものになってきています。

もちろん、わが国においても完熟ピーマンについての品種改良は進められており、一〇年前頃から一部で生産は行われていましたし、現在でも長型果で尻の細い産品が出回っていますが、残念ながらパプリカほどの人気は出ていません。また、九州はじめ各地で、ヨーロッパの品種を用いた日本の施設で、あるいはガラス温室・養液栽培施設・環境制御装置などの生産システムと栽培方法一切を導入して、オランダ方式で試作、または本格的な栽培が行われはじめられましたが、夏の高温に弱く、冬は高温暖房（夜温一八〜二〇℃維持）を必要とするなど問題も多く、品質・収量、生産コストの点で、競争できるところまでに至っておりません。面積もまだ二三ヘクタール（平成十一（一九九九）年実績）で、これから予測される収穫量は二〇〇トン程度と輸入量に較べると微々たるものです。

この急成長してきた野菜が、果たしてこれからどれだけ伸びるのか、その生産の担い手は……、国内生産物の国際競争力は……、将来が大変に気になるところです。

四　キュウリ

キュウリは被覆《ひふく》による早出し栽培が早くから行われた野菜の一つで、温床《おんしよう》による苗作りや油紙障子被覆による栽培は、すでに江戸時代に今の東京の江東区砂村で始められ、やがて馬込方面、神奈川県へと広まります。この栽培法は、大阪の人によってもたらされたとも伝えられていますが、いずれにしても都市近郊から始まったことに間違いないようです。露地栽培に加えてのこのような

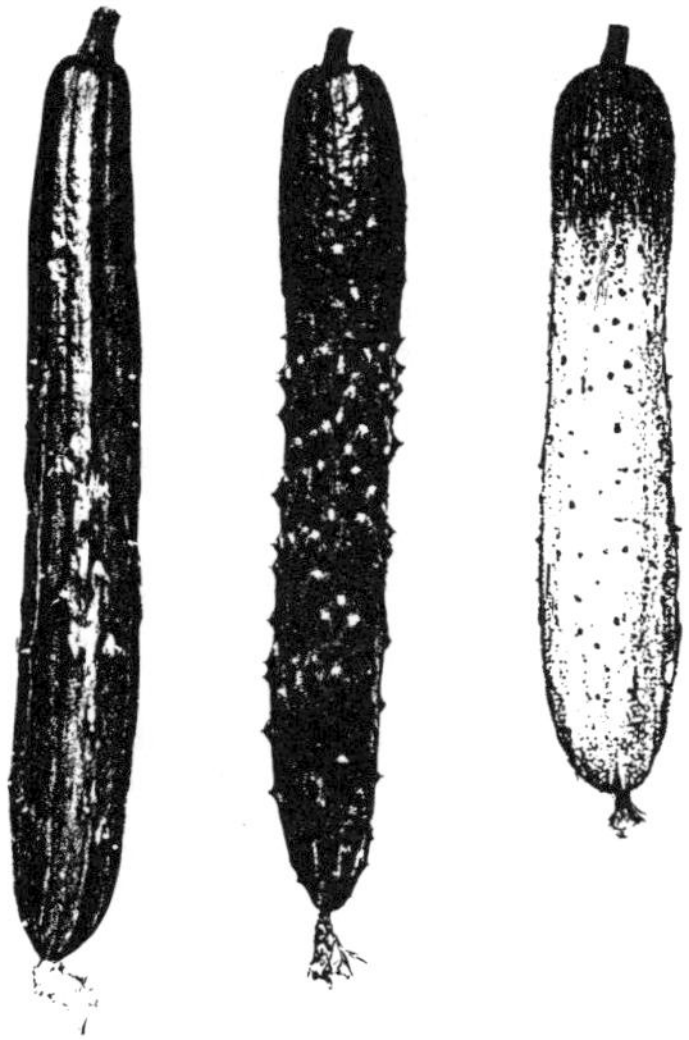

図12　キュウリの種類

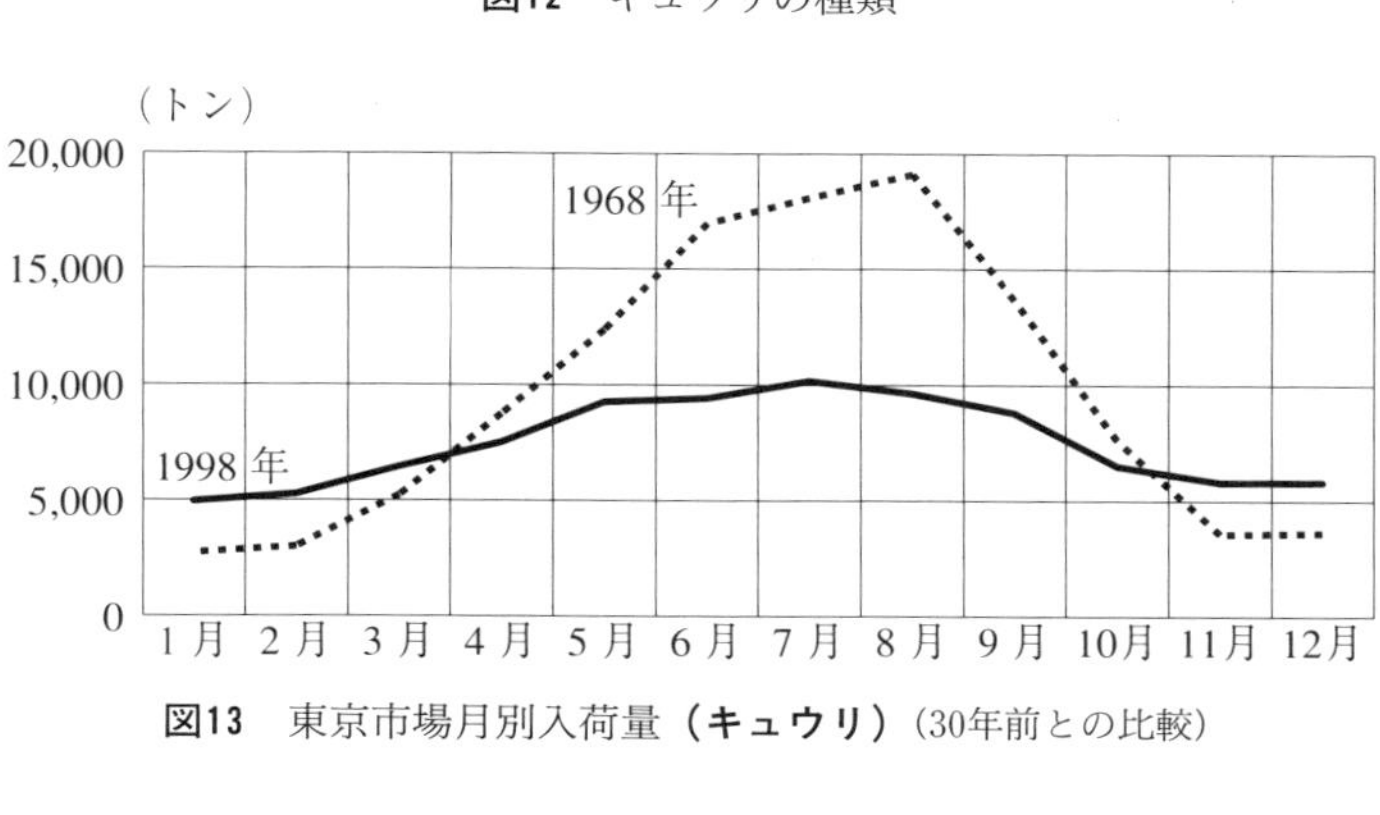

図13　東京市場月別入荷量（**キュウリ**）（30年前との比較）

簡易被覆やビニールハウス、ガラス温室による季節を越えての栽培が早くから行われたこともあって、産地リレーで周年生産化が最も早くすすみ、数十年来市場の販売高において、常に首位の座を占め続けてきた野菜でした。しかし、昭和五〇年代半ばをピークに作付け面積は下降しはじめ、ついに平成九（一九九七）年の市場取扱高はトマト、イチゴに追い越されて第三位に落ちてしまいました。

昔は各地に果実の形、色、肉質、風味、栽培特性などの異なる、実に多くの在来品種、例えば関東の「馬込半白《まごめはんじろ》」、「相模半白」、「落合節成」、「霜不知《しもしらず》」、関西の「淀節成」、「大仙節成」、北陸の「加賀」、「刈羽」、「聖護院」等々がありましたが、強健でつくりやすく、外観、揃いなどのよい品種に画一化されるにつれ、これらの血を受けた一代雑種に代わり、収穫の大きさも流通規格に合わせた一〇〇g目標の小型果に統一されてきました。また、昭和三〇年代末期から連作障害回避のために接ぎ木が定法となり、大変効果を上げていましたが、この接ぎ木の台木（カボチャ）に特定の品種を用いることにより、ブルームレス（果面の果粉のない）キュウリができることが発見され、色沢がよく、店頭での日持ちのよい特徴がかわれ、昭和五〇年代半ばから多くの生産者がこれを採用するなどの変化もみられてきました。

これらのことは、生産・流通面においてはそれなりのメリットを発揮しましたが、質的には形、色、光沢こそはよくなったものの、味の面からは決して向上したとはいえず、また漬物加工品として不向きになり、元来生食と漬物に用途が限られていたこともあって、消費の減少を食い止めることができず、人気を下降ぎみにしてしまっています。

キュウリは他の野菜と比べると生育が極めて早い特徴があります。このことは決してマイナスではなく、かつては短期作物として稲作のまえの水田利用に導入したり、落ち葉利用の醸熱加温による半促成に取り入れることができるなど、その特性をうまく利用して栽培していたのです。しかし、近ごろの労力不足のもとでは、早い生育に遅れずに行わねばならない整枝や摘心、蔓を垂れさせないための誘引などの管理が大変であり、それにも増して、果実の肥大が極めて早いために、大きさを一定にするには一日に二回の収穫をしなくてはならず、これらの作業はすべて大きくてもろい葉を傷めないように注意して行わなくてはならないという、労働の量と質の両面で、他の果菜類にも増して手間のかかることが大きな問題となっています。

需要の伸びの停滞のうえに労働面でも大変に厳しいという、二重苦、三重苦を抱えているのが現在のキュウリと見てよいでしょう。これを打開するためには栽培を省力・快適化するとともに、もっと味を魅力のあるものにし、簡単で美味しく食べられる調理法を開発、普及させるなど、関係者の格段の努力と知恵の結集が急がれるところです。

作業を困難にしている理由のもう一つに、出荷規格が昔に比べて大変小さくなり、多くは一〇〇gを目標に収穫するようになってしまったことが上げられます。キュウリの本当の味は、もっと大きい方にあるのですが、外見にこだわった都会のニーズがこのようにさせたのでしょうか、それとも流通面からの要望であったのでしょうか。これをもし一五〇〜一八〇gとし、重量の揃いをもう少し緩和することができたなら、収穫の労働はかなり楽になり、味のよいキュウリを消費者に届けることができると思われます。しかし、これには価格問題がつきまとうので、困難を伴うことは明らかですが、これからの重要な検討課題と考えられます。

近年、大変集中した労力と細やかな神経を使うカボチャを台木とする接ぎ木苗の育成過程を、育苗センターや苗生産業者に委託したり、収穫後の選果・荷造り・出荷を農協の集出荷センターに委託したりして、作業を外部化し、施設・設備を改良して省力・快適化を図ったり、パートタイマー

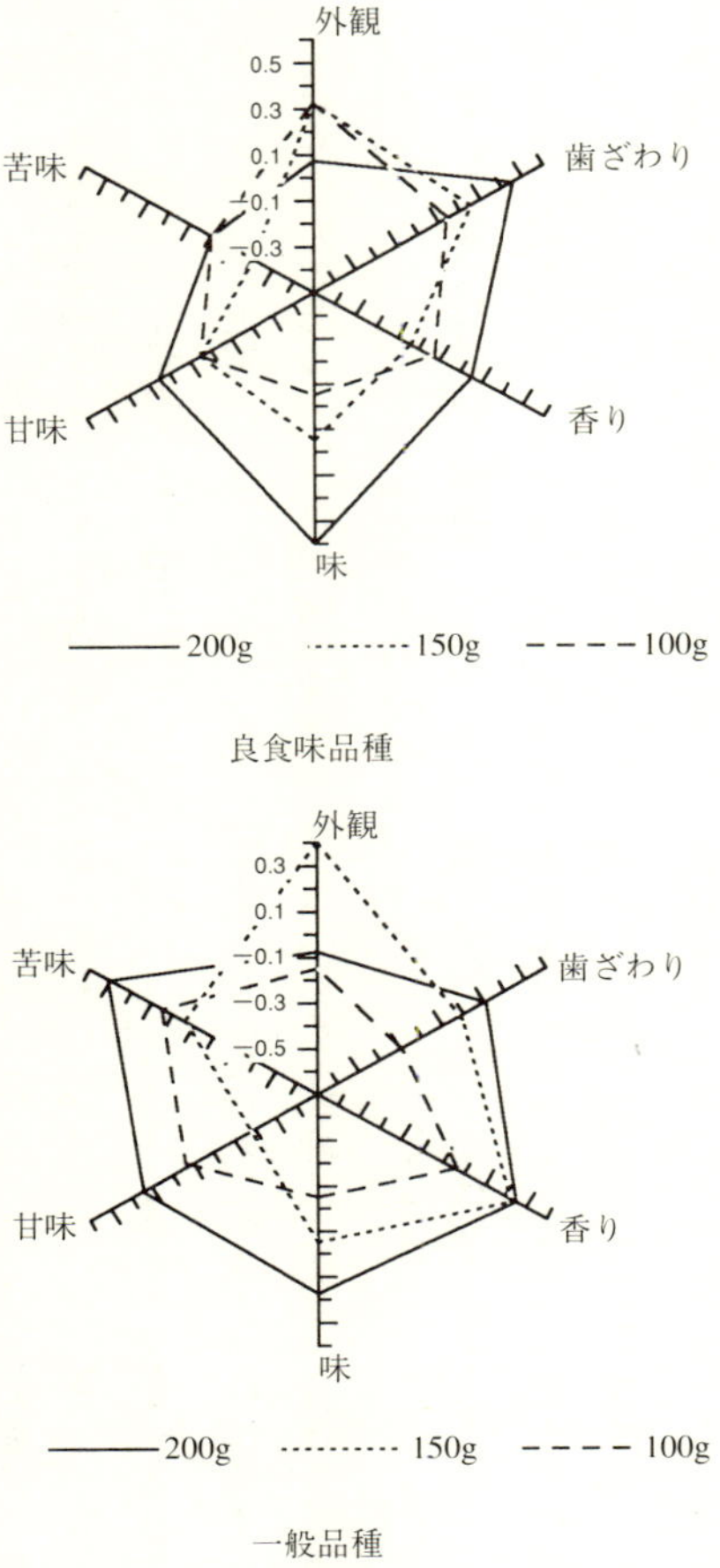

図14　キュウリの果実の大きさと品質評価
（板木，ＪＡ全農営・技センター　未発表）

の雇用により、自家の労働時間の軽減をするなど、様々な取り組みがなされ、新しい動きがみられるようになってきました。

また、キュウリはその特性上、経済的に困難が伴っていた養液栽培において、専用品種の育成からユニークな接ぎ木苗の養成、機能的な噴霧水耕装置の開発、養液管理の確定と、一連のシステムとして構築し、大変美味しいキュウリの生産を可能にする栽培法が、実用段階に入ってきました。これは最近の大きな朗報といってよいでしょう。

五　メロン

野菜の中では最も品種による市場の支配度の高いのがメロンです。メロンには大きくわけて、

a・アールスフェボリット系の温室メロン（英国種起源のいわゆるマスクメロン）

b・主にアメリカから導入改良された露地栽培用の雑種メロン

c・最も早く渡来した中国原産のマクワウリ

の三群となります。このうちa群は今日に続く高級なネットメロンとして特殊なものと位置付けてよいと思いますが、c群は「黄金まくわ」、「白皮まくわ」、「銀まくわ」、「虎皮まくわ」、「菊まくわ」などの名称がつけられるほど多様で、全国各地に在来系となり分布しています。b群は「ハネ

ジュー」、「ロッキーフォード」などの導入種と、これに様々な品種を交配育成した雑種で、多様な生態のものがあります。しかし温室で栽培されるa群を除いては、雨の多いわが国では、一部の砂丘地や、梅雨の雨量の少ない地域を除いては品質が安定せず、昭和三〇年代前半まではメロンの人気は決して高いものではありませんでした。特に、味のばらつきの多いことを当時、野菜分野で高名であられたある先生は、一、ただで貰ってもたべたくない、二、ただなら貰って食べてもよい、三、日常の食生活の中で買って食べたい、四、高くてもぜひ買って食べたい、と評して、品種改良の必要なことを指摘されておりました。「見かけがよいので買ってみたら騙された」、あるいは「この前買って食べて美味しかったのでまた買ったら期待外れであった」、という経験をお持ちの方も多いのではないでしょうか。

その頃から種苗会社や研究機関で盛んに品種改良が行われ、メロンでは遅れていた一代雑種（F1）の品種も増えてきましたが、なかでも昭和三七（一九六二）年に発表された新品種「プリンスメロン（欧州系メロン／マクワウリ）」は、わが国の気象条件によ

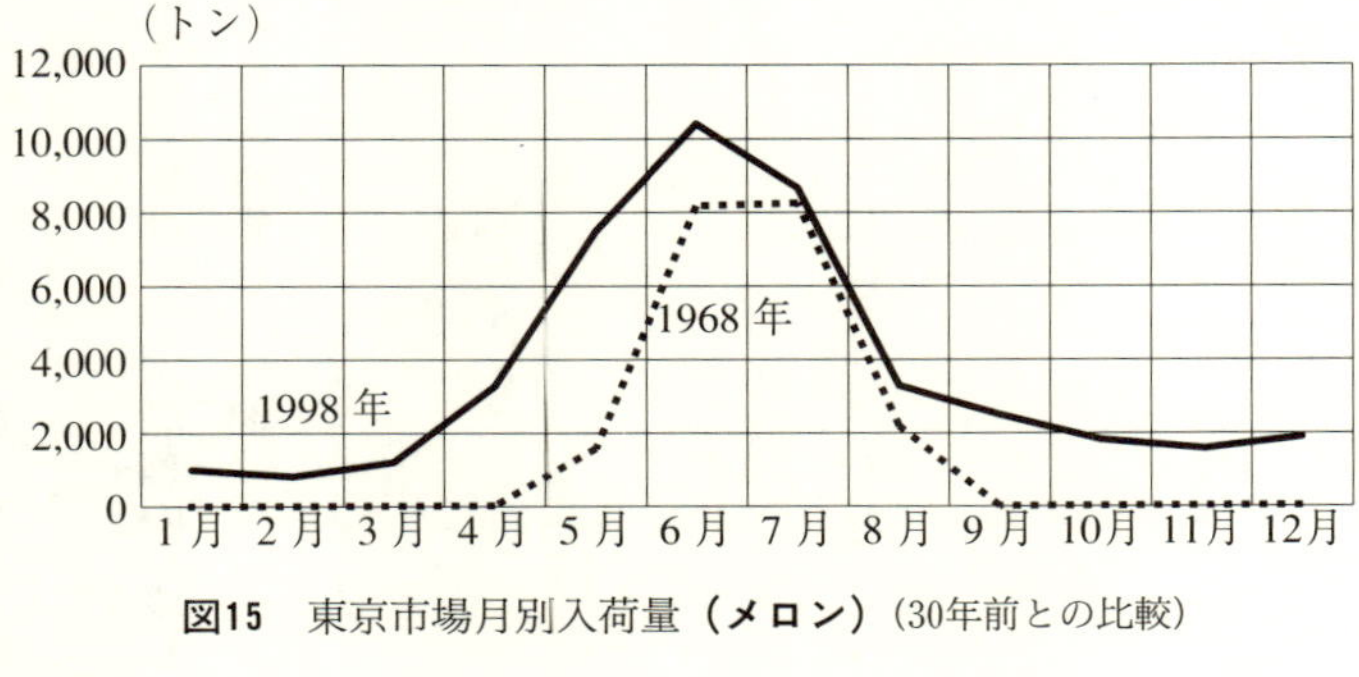

図15　東京市場月別入荷量（**メロン**）（30年前との比較）

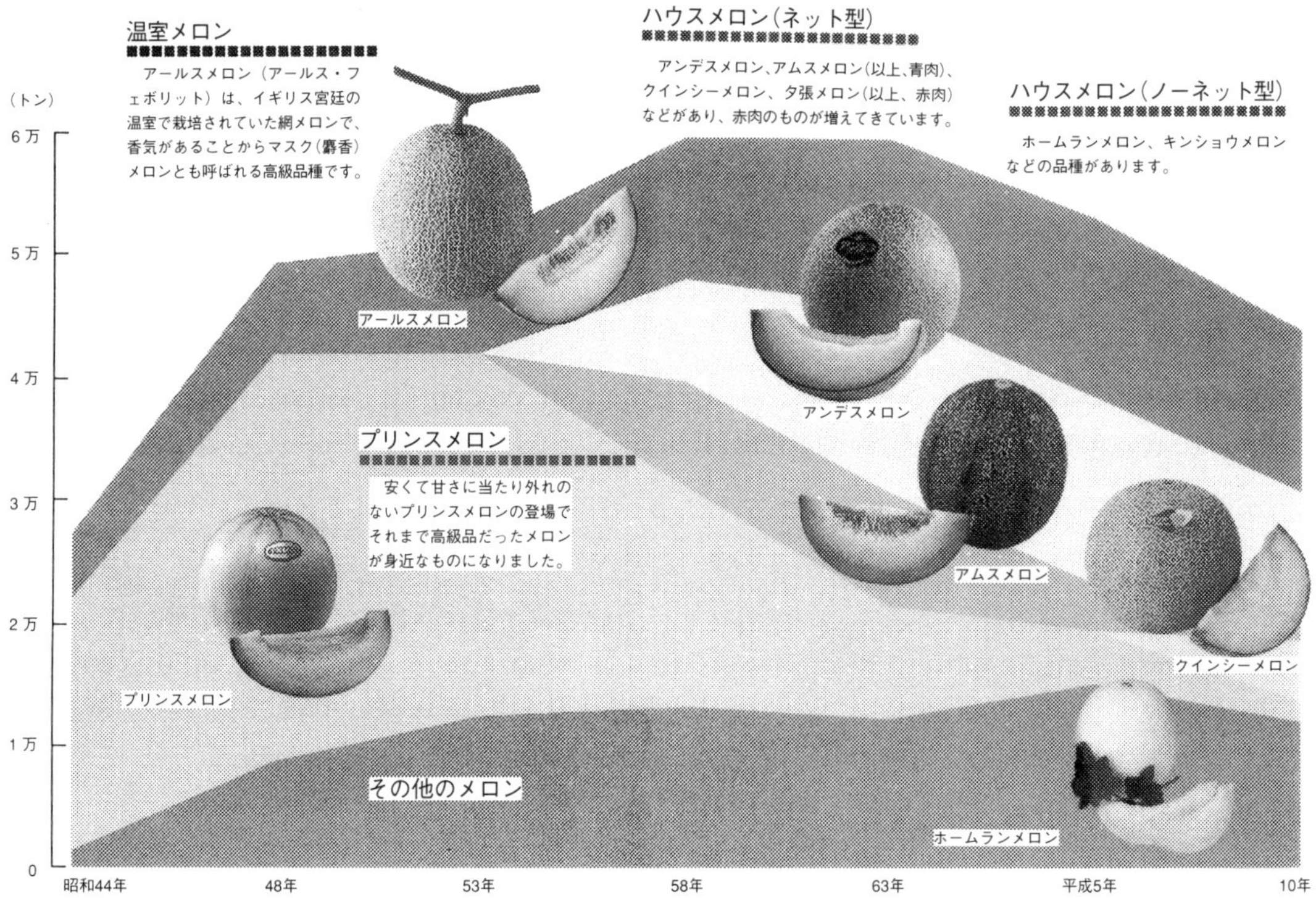
温室メロン
アールスメロン（アールス・フェボリット）は、イギリス宮廷の温室で栽培されていた網メロンで、香気があることからマスク（麝香）メロンとも呼ばれる高級品種です。
ハウスメロン(ネット型)
アンデスメロン、アムスメロン(以上、青肉)、クインシーメロン、夕張メロン(以上、赤肉)などがあり、赤肉のものが増えてきています。
ハウスメロン(ノーネット型)
ホームランメロン、キンショウメロンなどの品種があります。
（トン）
6万
5万
4万
3万
2万
1万
0
アールスメロン
アンデスメロン
プリンスメロン
安くて甘さに当たり外れのないプリンスメロンの登場でそれまで高級品だったメロンが身近なものになりました。
アムスメロン
クインシーメロン
プリンスメロン
その他のメロン
ホームランメロン
昭和44年
48年
53年
58年
63年
平成5年
10年

図16　メロンの品種の変遷（野菜供給安定基金）（メロンの品種別入荷量の推移「東京都中央卸売市場年報」より）

く合い、糖度が高く安定した、味に騙されない品種として圧倒的な人気を得、短年月の間に群を抜いて伸び、メロン全体の需要を大きく伸ばす役割を果し、昭和五〇年代初頭まで、メロンの主要品種として極めて高いシェアを保ち続けました。

他の果菜類と同様にビニールトンネル栽培（露地栽培）や、簡易なパイプハウスが普及し、元来雨が嫌いな高温性のメロンを保護してくれるようになったことも大きな追い風となり、幸運であったといえましょう。

このような人気の高まりを契機として数多くの雑種メロン（そのほとんどは一代雑種）の新品種が育成され、その多くは品質の安定と省力化を図るためにハウス栽培されるようになったことから、これらの一群をハウスメロンと呼称するように改められました。こうした品種群に作型の名称をつけて整理せざるを得ないほどに、多彩な分化をしてきたのがメロンということもできます。

温室で栽培される高級な「アールスフェボリット（マスクメロン）」の人気は昔も今も変わりませんが、ハウスやトンネル栽培でも、マスクメロンに近い品質を目指して、果面に盛り上がりのよいネットが出るように改良を進めるものも多くなってきており、作りやすいネットメロンの品種も多くなってきました。そのためにもう一つ、ネット型とノーネット型の区別が必要になり、作型に加えてネットの有無で分類されるようになりました。昭和五〇年代後期にはプリンスメロン全盛の後を受けて、ノーネット型では「キンショウ」（黄）や「ホームラン」、ネット型では「コサック」、「アムス」、「アンデス」をはじめとする多数の品種が出回るようになり、激しい競争が行われたことは、今でも記憶に残っている方が多いのではないでしょうか。

現在も種子が市販されている品種数は極めて多いのですが、栽培しやすく、品質、特に糖度が安定している人気品種となると、その数は極めて限られているのがメロンといってよいでしょう。

代表的なものとしては、高級メロンのイメージからかネット型で糖度の安定している「アンデス」が最も多く出回っており、ネットよりも風味・肉質を重視する「アムス」がこれに次ぎます。また、近年「クインシー」、「夕張」など赤色果肉系の人気も上昇傾向で市場専有率は二二％（平成十一年）にもなってきました。

昔に比べると大変品質はよく、特に味の当たり外れは少なくなり、多くの人々が美味しいハウスメロンの味を楽しむことができるようになりましたが、しかし、何といっても温室で入念に栽培された静岡などの本場もののマスクメロンのアールスフェボリット系品種の味とは一線を画するものであることは申すまでもありません。何しろそれはイチゴの高級品とともに、世界の逸品といわれるほどのものなのですから。

六　イチゴ

トマトと同様に、昭和四〇年代に入ると著しく出荷期の拡大が進みます。これは、それまで静岡

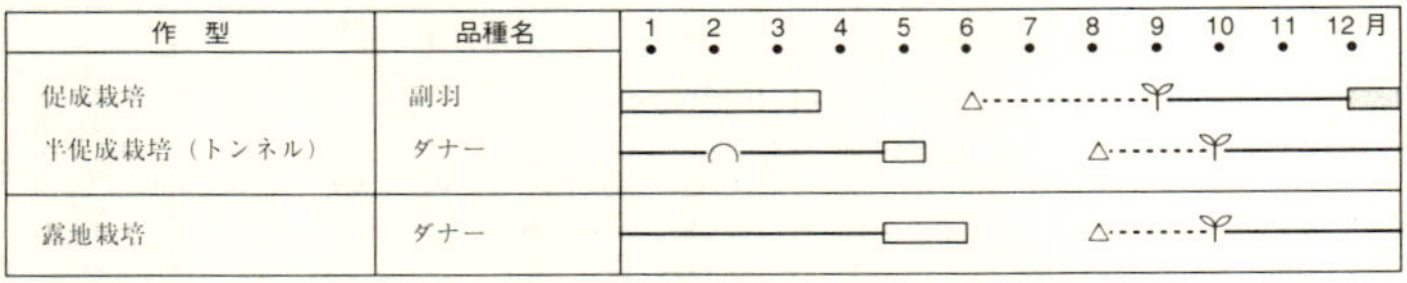

図17　イチゴの昔の作型

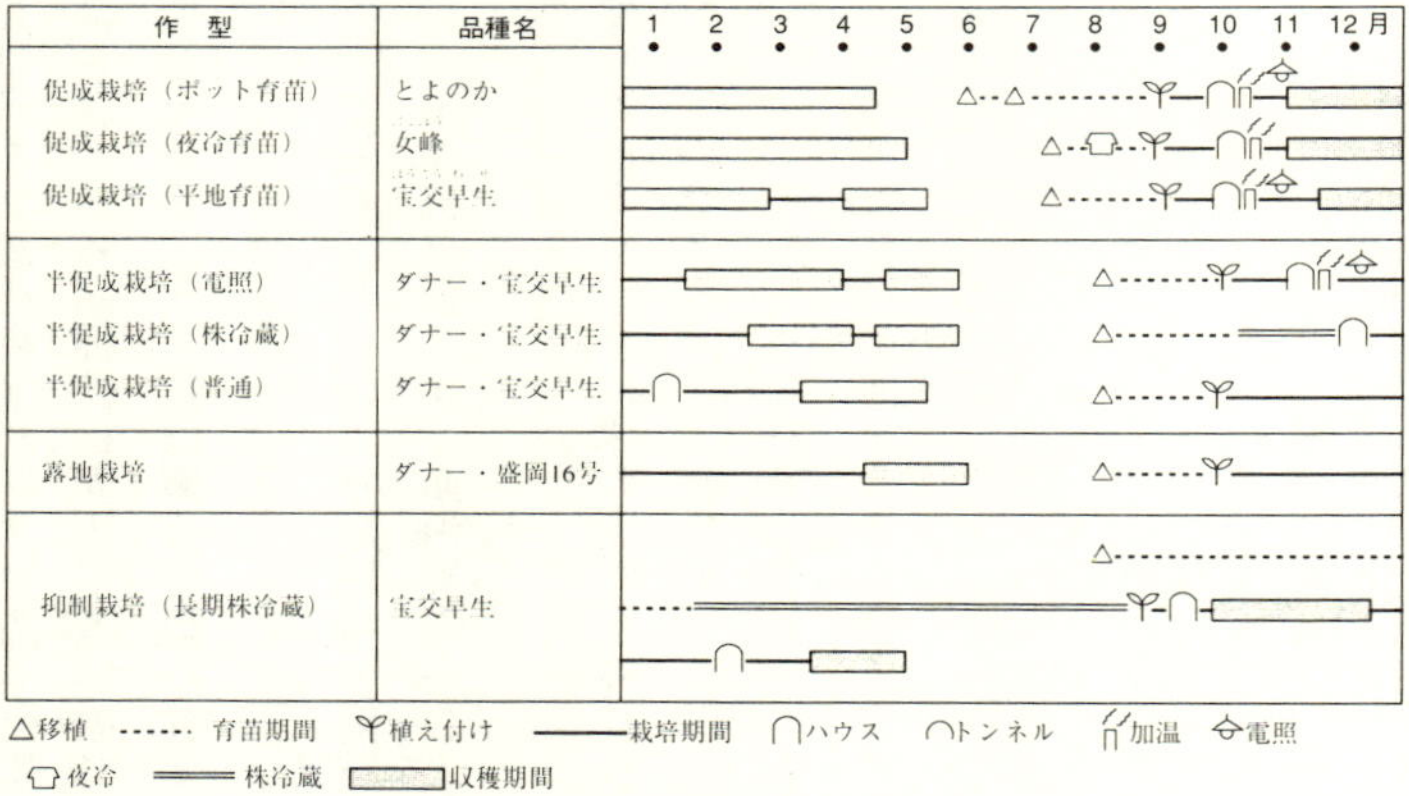

図18　イチゴの今の作型（伊東）

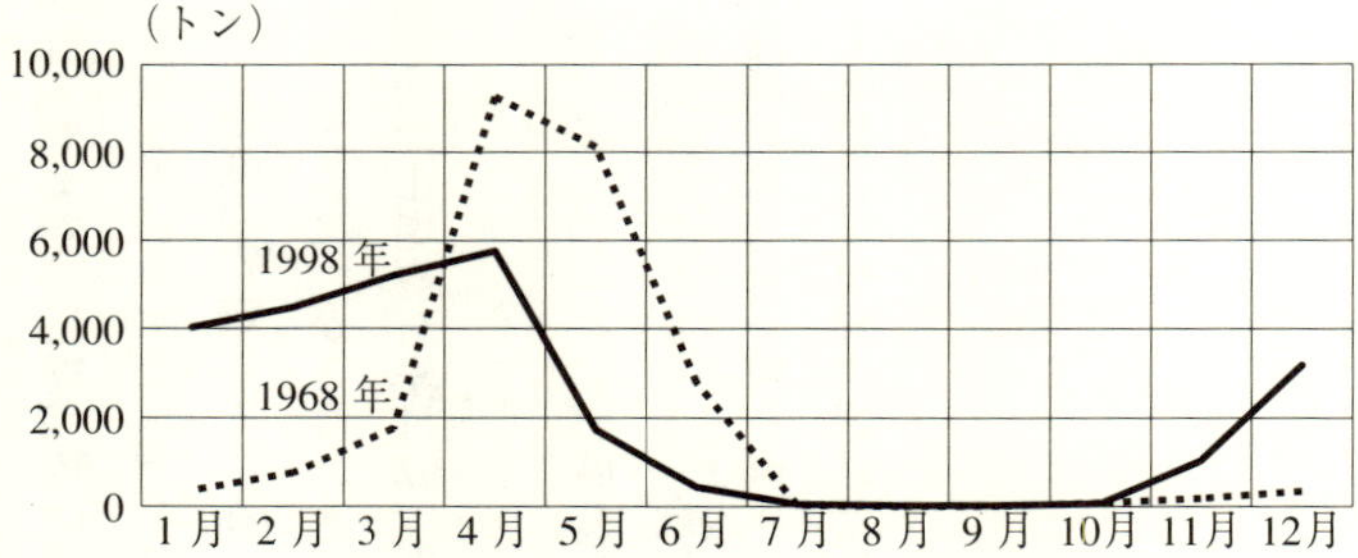

図19　東京市場月別入荷量（**イチゴ**）（30年前との比較）

県、神奈川県など特定地域で明治の末期から行われていた「福羽《ふくば》イチゴ」の石垣促成栽培や、昭和二〇年代後期から農業用塩化ビニルの実用化により始まったトンネル早熟栽培しかなかったイチゴの早出し栽培に、昭和三八年ごろ、簡易なパイプハウスの実用化が図られ、急速に普及したことが契機となりました。イチゴは食生活が豊かになり、デザートやケーキ用の果物として、メロンとともに需要が増えましたが、それにはビニル利用による半促成、加温促成の普及で、それまで六月だけしかまとまった出荷がみられなかったものが、急速に出荷期の幅を広め、産地を増やし、生産量を格段に高めたことが大きく関係しているのです。

そして、このような増勢を大きく支えてきたのは優れた新品種の開発です。それまでは風味に富んだ高級品の「福羽」はあったものの、その量はごく少なく、特殊な需要を賄うにすぎませんでした。一般には酸味が多く果形の乱れやすいダナーが主体を占めていたのですが、これに変わって、甘くて大きい、形のよい、促成に向く「宝交早生《ほうこうわせ》」、「とよのか」、「女峰」などの優良品種が育成され、東の栃木県（女峰）西の福岡県（とよのか）が中心産地となり、他の多くの産地を巻き込んで競い合い、生産を伸ばしてきました。

イチゴは種子で増やすのではなく、ランナー（走り蔓）からでる小苗で増やす栄養繁殖性植物なので、他の野菜とは大変趣がちがい、品種の育成が難しく、そして育成した新品種の性質に合った栽培法をみいだすのにも相当の年数（数年以上）を必要とします。特に収穫時期の早晩に直接関係してくる、花芽分化を早めるための苗の時の「低温」の与え方や、冬の条件下では一定の期間休眠するという性質があり、この性質の強弱をはっきりつかみ、それに適した管理法（電灯照明など）を確定しなければなりません。したがって「よい」と判った少数品種の市場を占有する年数は相当長く続きます。その間にまた着々と次の育種の研究、栽培試験、現地実証が進められます。そして「よい」と判ってから、栄養繁殖のための多数の親株用の苗の供給態勢が整えられてはじめて次の品種の時代にうつり変わっていくのです。これらの仕事のほとんどは公的研究機関で行われています。そのわけは年月を要するうえに、種子で殖やせないので、種苗の開発・取扱を業としても利益が上がらないことによるものです。他の野菜の新品種開発が、大部分民間の種苗会社や一部の個人の育種家により行われているのと非常に対照的です。このような事情がある中で、より消費者に好まれるものへと、最近さらに肉質、糖度、光沢、大果などの点で改良された、「とちお

たねを使わずにふやす野菜

たねが実らず、もっぱら親の栄養体の一部を分けて繁殖する野菜があります。代表的なものに、ランナー（匍匐《ほふく》茎）でふやすイチゴ、株分けするフキやセリ、球茎でふやすワケギ、アサツキ、ラッキョウ、塊茎でふやすショウガ、バレイショやサトイモ、塊根でふやすサツマイモ、ヤマイモ、ヤマトイモなどがあります。

イモ類はたねイモ（サツマイモは苗）として、ショウガもたねショウガとして、店頭でたやすく入手できます。セリも水辺に野生しているものを採集したり、八百屋《やおや》で根つきのものを買い、食べた残りの根株を利用して繁殖できます。

一般に出回らないものとして、フキやミョウガ、アサツキ、特殊なものにコンフリーなどがあります。いずれも農家では生産用に苗を育てていますので、これを直接分けてもらうか、専門種苗店に頼んでおいて入手します。一度入手すれば、あとは自分で年々ふやすことができます。

とめ」、「さちのか」、「章姫《あきひめ》」、「さがほのか」などが育成され、急速に生産が増えつつあるので、品種地図は再び大きく書き直されることになりました。

イチゴは、作物体としては極めて小型で、そのために作業姿勢が悪く、長期間にわたる細かな作物管理や収穫のために極めて多くの労力が必要となります。小さくて背の低い作物を、苗作りから収穫まで、およそ一年間、細かな管理をしなくてはなりません。ですから、消費者には魅力があるのですが、生産者には苦労が多く、特に若者には魅力が乏しいのが問題となっており、種々の改善策が講じられています。特に最近産地で盛んに検討されているのは作業姿勢の改善のための施設・設備の改良です。管理や収穫がしやすいように、ベッド（植床）を八〇〜九〇㎝と高くした、土壌を用いない養液栽培（培地がロックウールやピートモスなど。軽く高設にしやすい）にする方法です。先駆的に研究を行った香川県（大学・県・団体・民間企業の共同）では、経済的にも十分採算の取れる、鋼管を架台の骨材に利用し、ピートモスを主にした培地を袋詰にしてイチゴを植える簡易方式「らくちん」を開発、数年のうちに三〇％以上を占めるまでに普及しました。これが功を奏し栽培面積の減少に歯止めがかかり、最近は増反するほどに勢いを取り戻し、他の産地にも大きな刺激を与えています。通常の土壌栽培でも、畝を高くし、通路を広くとり、作業用台車を導入したりして、作業姿勢・能率の改善が図られており、昔とは現場の様子も大きく変わってきています。

また、ある研究者が、開花中の梅の木の近くで栽培されているイチゴの果実のかたちの豊円なことからヒントを得て、訪花昆虫の積極的な利用から、近年はほとんどのハウスにはミツバチが放飼されるようになりました。三〇〇〜四〇〇粒もある果実表面の種子に、まんべんなく花粉が媒助されることにより、変形果がほとんど見られなくなりました。店頭で見る果実の形や揃いが極めてよくなったのは、このミツバチの縁の下の力の寄与が大きいのですが、それだけでなく、このことにより収穫、選果、箱詰めの労力が大幅に節減されたことも特筆しなくてはなりません。

七　カボチャ

カボチャは野菜の中でも、ダイコン、カブ、ナスなどとともに品種数が多い部類に属し、大正一〇（一九二一）年の農林省園芸試験場の調査によると日本種だけでも一四三品種が記録されています。品質の数が多かった理由としては食生活における必要性が高かったことと、その性質が、連作ができるほど強健で育て易く、また他花受精であるので雑種ができやすいなどの理由があったものと思われます。そしてもう一つ、原産地の異なる種類が、異なる経緯で渡来していることが一層品種を多彩にしているのです。

カボチャの種類には、日本種、西洋種、ペポ種の三つがあります。日本カボチャ（以下このように表現する）は中央アメリカの原産で、一六世紀にポルトガル船によって九州に渡来し、カンボジア産の野菜というので「カボチャ」と呼ばれ、それが作物名になったとのことです。三種の中では

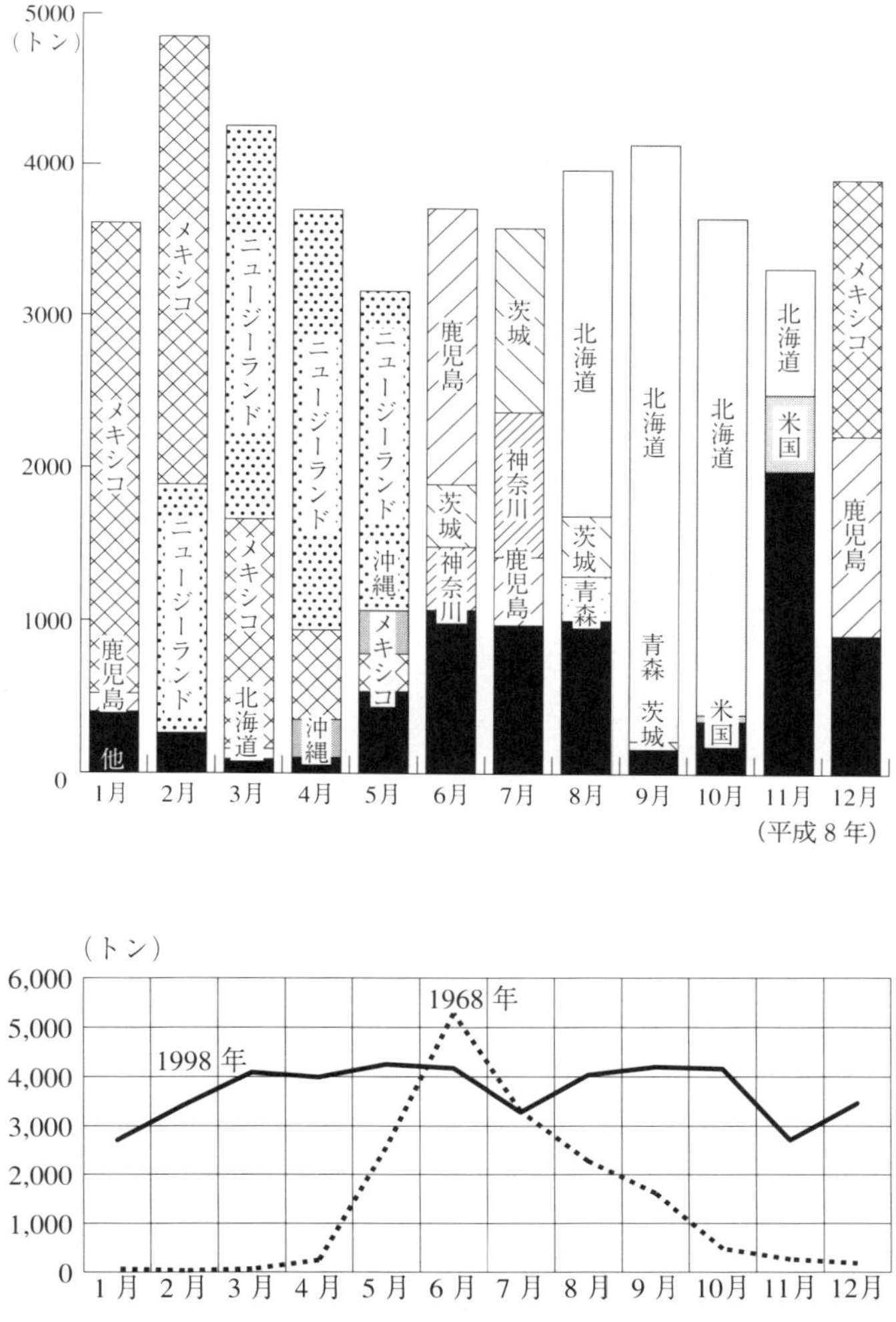

図20　東京市場月別入荷量と産地（**カボチャ**）（30年前との比較）

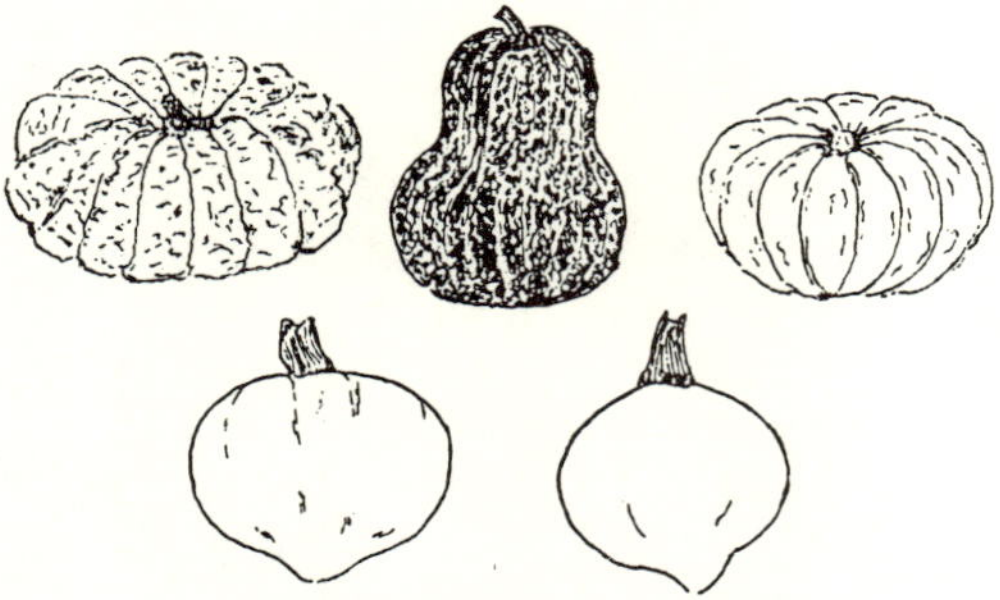

上左より居水橋，鹿ヶ谷，黒皮，
下左より甘栗（デリシアス），倉津栗

図21　大正時代のカボチャの代表的品種（園芸家必携）

一番早く入り、日本の気候にもにも適応しやすく、全国各地に定着したので、種名も「日本カボチャ」と名付けられました。西洋カボチャは南アメリカの高温乾燥地帯の原産で、明治初年に開拓使によりアメリカから導入され、北海道、東北を中心に土着し、西洋から入ってきたので西洋カボチャと呼ばれました。ペポカボチャはメキシコ南部の高冷地を起源とし、果実の形・色、蔓性・叢性など変異が大きく、飼料用や観賞用などに向くものがあり、大正年代の後期に中国から一部導入されました。

第二次世界大戦に入る昭和一〇年代までは、これらの実に多数の品種が全国至る所で生産または自家用に栽培されていました。日本カボチャの代表的なものとしては、現在京野菜として知られる京都の「鹿谷《ししがたに》」、東京の「菊座」、「居留木橋」、「黒皮早生」、福島の「会津早生」、福岡の「三毛門《みけかど》」など、西洋カボチャとしては北海道・岩手の「ハーバード」、東北・北海道の「デリシャス」、東北の「栗南瓜」など、ペポカボチャとしては素麵瓜《そうめんうり》といわれた「糸南瓜」でありました。大戦中は、これらのほとんどは野菜用としてよりも、米不足を補う主食として食料不足を助ける大きな役割を担ったものでした。そのせいもあって、戦後はカボチャの人気はがた落ちになり、品種改良も遅れました。その頃の東京の八百屋の店頭には、「白菊座」、「黒皮早生」、「干潟南瓜」、「縮緬《ちりめん》南瓜」、「鶴首南瓜」、「栗南瓜」、「デリシャス」等々の呼び名のカボチャが並んでいたことを記憶されている方も多いと思います。戦時中の反動が根強く残っており、また、栽培のまずさもあったのか、美味しいという感じはなく、人気はあまりなかったという印象だけが残っています。

昭和三〇年前後から、このような品種構成に大変大きな変化が見られました。それは「東京南瓜」という名のカボチャの出現です。果肉は橙黄《とうこう》色でほくほくして美味しく、品質のあたり外れがないのが一番の特長でした。「土手かぼちゃ」などとあまり良いイメージでなかったカボチャにも、当時憧れの地であった「東京」の名がついているというネーミングの良さが手伝った面もあったのではないでしょうか、大変評判になりました。東京で北多摩を中心に当時三〇〇ヘクタールを超える産地があった程でしたが、栽培は急速に全国に普及し、他の品種に代って、代表的な地位を占めるまでになりました。この正しい品種名は「芳香青皮栗南瓜」といい、西洋カボチャで、大正時代に、宮城県の種苗会社によって育成され、昭和一〇（一九三五）年に発表されたものです。それまでには評価されなかったほくほくした品質と、極早生で開花して三〇日ほどで穫れ、蔓ぼけ（茎葉だけがやたらに伸びて果実が肥らない）しないなどの栽培特性が時代の変化で歓迎され、短年月で全国の品種地図を塗り替えたという先進事例となりました。

その後、カボチャの品種改良は盛んに行われ、F1の優れた品種が数多く発表されてきました。その中で競争に勝ち抜いてきたのが、今日店頭に並ぶ、「えびす」、「みやこ」、そして「くりあじ」などです。最近の調査（農水省野菜・茶試）によると、北海道から沖縄までの各地の作型のほとんどに「えびす」、「みやこ」が栽培されていることから、ごく少数の西洋カボチャの品種で占められていることが立証されています。日本カボチャはほとんど姿を消しましたが、「鹿谷《ししがたに》」は京野菜として他の京都の在来野菜とともに人気を盛り返してきましたし、黒皮の早生品種が宮崎、熊本の早だし半促成、露地抑制栽培に用いられており、日本料理の食材として特殊な需要に応えています。日本カボチャはそれにしかない独特な肉質と風味をもっているので、この特徴を活かした品種の育成に力を入れ、画一化され過ぎた味の彩りを取り戻してほしいものです。

もう一つのペポカボチャの栽培は、長い間、ごく一部の愛好家にしか作られない素麺《そうめん》瓜や形の面白い観賞用カボチャだけに限られていましたが、近年、蔓なし種のズッキーニの人気が高まり、まとまった需要が起こり、産地化する例も見られるようになりました。導入されたのは三〇年も前のことでありながら、用途がつかめず全く伸びませんでしたが、一見キュウリに似た細長い幼果（開花後七～八日）は炒め物、煮物、揚げ物など使い向きが多いこと、特にイタリア料理の人気の盛り上がりにつれてレストランや家庭料理の需要が急速に伸びたことから、産地化（千葉、長野、秋田、沖縄など）が図られ、家庭菜園にも取り入れられて、順調に定着しつつあります。

近年、カボチャは外国からの輸入が増え、特に日本では生産がほとんどなかった一～五月はメキシコ、ニュージーランド、一部トンガのもので大半が占められるようになってきました。出回りが四～九月に限られていたものが、近頃は全く周年になり、健康野菜ムードにのって消費量が大幅に伸びたのは、これらの国からの輸入ものがあってこそといえます。品種はすべて日本のものを用いていますし、天候に恵まれた地域での栽培ですので、品質的には問題になるようなところはあまりないといってよいでしょう。

八　スイートコーン（トウモロコシ）

トウモロコシのわが国への渡来は、一六世紀の天正年間にポルトガル人によってもたらされたとされるので、かなり古いのですが、それ以来長らく、穀類としての普通種あるいは飼料用の品種しかなく、大正年代になってはじめて「ゴールデンバンダム」が青果用にに向くことがわかり、北海道をさきがけに栽培されはじめたようです。今日のものと味の点では全く劣るもので、粒も固かったのですが、それでもとりたては美味しく、すぐにふかしたり焼いたりして、夏の味覚を楽しんだ経験をお持ちの高齢の方も多いのではないでしょうか。

甘味種のスイートコーンが、一般に栽培され始めたのは、第二次大戦後の昭和二〇年代中頃にな

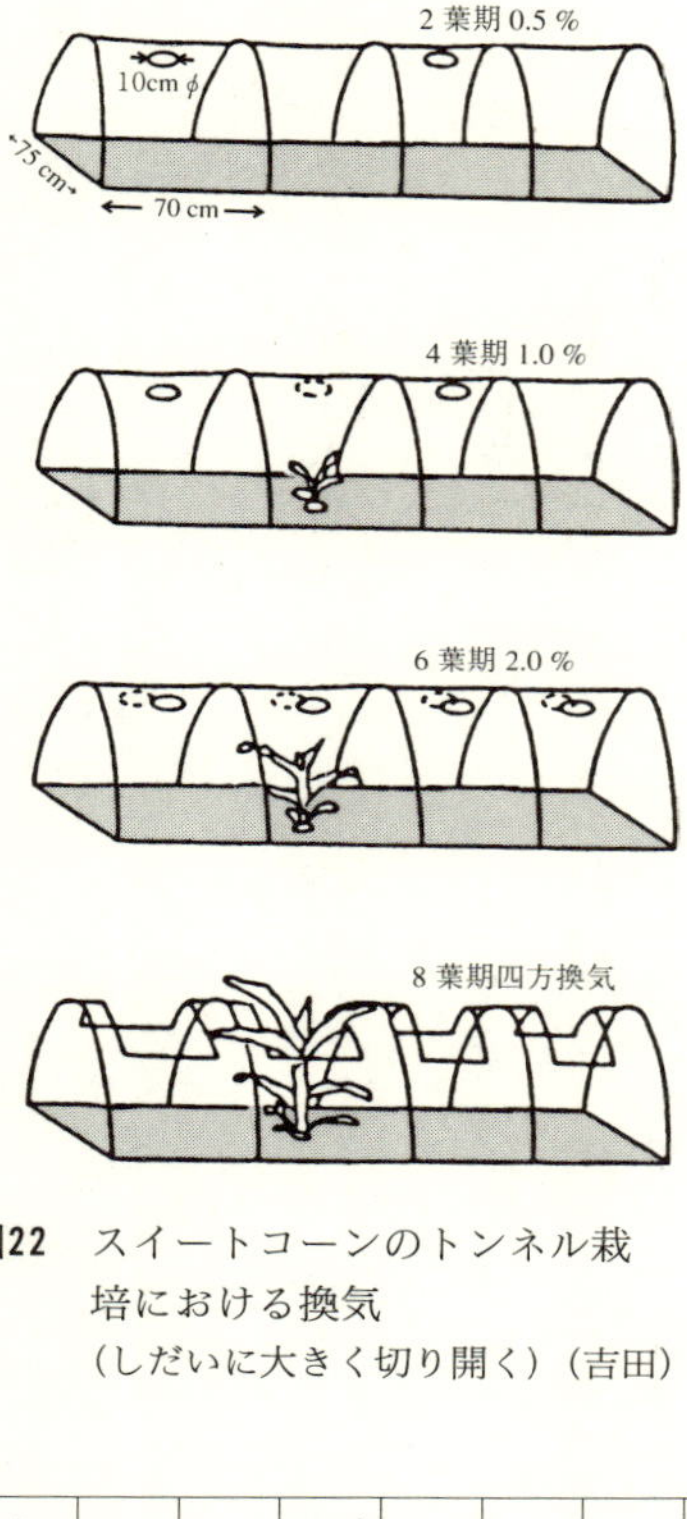

図22　スイートコーンのトンネル栽培における換気
（しだいに大きく切り開く）（吉田）

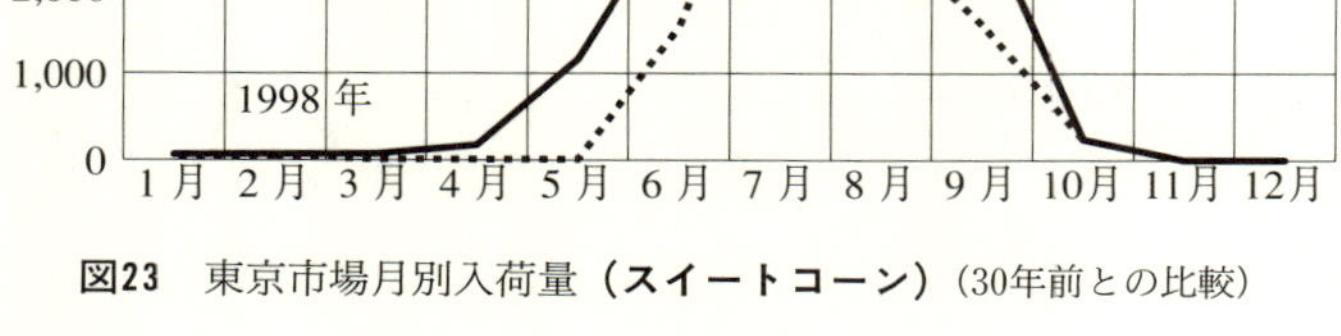

図23　東京市場月別入荷量（**スイートコーン**）（30年前との比較）

って、トウモロコシ育種の最先進国アメリカで改良されたF1の優良品種が導入されてからです。それから多くの品種が導入され、需要を伸ばしてきましたが、昭和三〇年代初頭に市販された「ゴールデンクロスバンダム」は、糖分は四％程度でしたが、粘り気のある独特な肉質・風味があることに人気が集まり、単にふかしたり焼いたりして食べるだけでなく、スープや煮込み、コロッケなどにも使える重宝さも加わって、それから昭和四〇年代半ばまで、スイートコーンといえばこの品種名が使われるほどに、このタイプの品種が圧倒的なシェアを守り続けていました。そのため、今の中高年の方達にとっては、子供の頃に食べた、この品種の味が、昔のスイートコーンに当たるかもしれません。一概に昔といわれないことについては、冒頭に述べた通りです。

この後に姿を見せてきたのがスーパースイート系と呼ばれる新しい品種群です。スイートコーン系の中から突然変異により生じた糖分に影響する因子を育種に利用したものといわれるハニーバンダム型の品種が次々に発表されて、一段と美味しいものが食べられるようになったのです。糖度はクロスバンダム系の約三倍と高く、そして長く低温貯蔵しても甘味が減りにくく、美味しさを失いにくいのです。色もシルバーという名の白粒種を加えたりしてきました。粒皮が柔らかいので、それまでの用途に加えてサラダなどにも利用できることもあって消費者に喜ばれてきました。遺伝的性質から種子の充実が悪く、発芽に難点もありますが、それを克服して、これらの品種の占有率はどんどん上がり、現在の主要品種になっています。「ハニーバンダム」、「キャンベラ」、白粒の「シルバーハニーバンダム」、「ルーシー」などが代表的ものです。

一〇数年前からまた店頭で見られる品種が変って来はじめました。それは現在主流となりつつある、二色が混じり合ったバイカラーコーンの登場でした。黄色と白の親を掛け合わせてできた一代雑種（F1）を栽培すると、その株にできた穂の粒には、孫の色が現われ、三対一の割合で黄色と白色になるという遺伝の法則に基づくものです。品種名は「ピーター」、「カクテル」などが代表種です。最近この二色にさらに紫色が加わった三色の品種も加わって、一層多彩になってきました。品種名は「ウッディコーン」です。

これらの新しい品種は、もちろん色だけではなく、実のつき方はもとより、栽培上の特性にも大きな変化がみられ、草丈は一五〇cm内外と低くなり、葉数も一〇枚足らずで、風による倒伏に強く、腋《わき》芽のでかたも大変少なく、大昔のものに較べると、これがトウモロコシかと驚く程小さくなってきています。

野菜の伝承が盛んになった時期

縄文文化時代（約一万年前）に私たちの祖先が食べていた青物といえば、ワラビやゼンマイ、フキ、セリなど、今でいう山菜《さんさい》に限られていたようです。その後、ネギやヤマイモ、ミョウガなどの栽培品が伝来し、弥生《やよい》文化時代からは南方諸国や中国大陸から各種の野菜が伝わり、種類を増してきました。

とりわけ江戸時代以降、カボチャ、トウモロコシ、サツマイモ、インゲンマメなどが大陸との交通によって伝来し、明治時代には開《かい》拓使《たくし》や勧業寮《かんぎょうりょう》という官庁が設置され、積極的に各国のたねや苗が輸入されだしました。それとともに、育て方の試験も行われて、わが国でつくられる野菜の種類が、急速にふえてきたのです。

そして第二次大戦後、とくに昭和四〇（一九六五）年以降になり国際交流がさかんになるにつれて一層外来野菜がふえてきたのです。それには生活様式の変化が大きく関与していることは云うまでもありません。

需要はなんといっても夏なので、露地のマルチ栽培が主体で、出回りのピークは昔も今も七月ですが、出荷量を示すグラフの山は横に広がりを見せる傾向にあります。他の野菜ほどではありませんが周年化が緩やかに進んでいるのです。元来栽培は楽な作物ですが、そのために、近年はトンネル栽培や簡易なパイプハウスによる栽培も行われています。北海道の遅いものが一〇月に終わった後、冬にはいると沖縄や外国産（オーストラリア、ニュージーランド）が出回ってきます。

トウモロコシは採りたてが美味しいと言われますが、大昔の品種は特にそうであり、美味しくなった三〇年前の「ゴールデンクロスバンダム」でも夏の三〇℃の高温に一日おくと糖分は二％内外に、半減してしまいます。当時の流通条件では、畑から収穫して消費者に食べられるまでにはすくなくも二～三日を要していましたから、本当に味が失せたものを食べていたのです。粒の中の糖分が澱粉に変化したり、呼吸で消耗して、大変に少なくなっていたのです。これが、収穫してすぐに予冷し一℃に保つと、一日経ってもほとんど減少しないことが解明されて、実用化され、そうしたものは美味しくなったのです。そこに糖度が一〇％近くもあるスーパースイート系品種の登場です。これらも糖度は時間の経過とともに二％ほど落ちますが、なお高く、味は大変よくなりました。そうなっても糖度が高いに越したことはなく、鮮度の落ちも防げるので、やはり予冷・保冷は必要とされ、より良いものへと改善が図られてきています。流通中の姿勢も糖度に関係し、縦にしておいた方が減り方が少ないことが明らかにされているので、これを守り、家庭で保存する場合にもこのように心掛けるようにしたいものです。

九 エダマメ

エダマメはダイズを未熟な若莢のうちに収穫したもので、鮮度が落ちやすいのを防ぐために枝や葉（茎葉）、根を付けたまま畑から持ち帰り、あるいはその荷姿で流通させ、枝付のまま茹でて、莢からむきだし食べていたところから枝豆と名付けられたものです。したがって正式な作物名はダイズなのです。

ダイズの来歴は明らかではありませんが、中国の野生のツルマメが原種で、わが国には縄文あるいは弥生時代の初期に稲作とともに渡来し、五穀の一つに数えられるほど重んじられたといわれ、大変に歴史の古い作物です。

エダマメとしての食習慣も平安時代からあったようで一八世紀の後期に入ると九月の十三夜は豆名月として供え物の一つにエダマメが登場し、町にエダマメ売りがみられるようになるほどに大衆化したと伝えられています。

それほどに古くから親しまれていただけに、全国各地に土着した在来種が生まれ、それらはいずれも若いうちに穫ればエダマメになるので、それとして利用されていたと思われますが、次第にエダマメに適する品種が選抜されて、専用の特長ある品種が成立するようになってきました。早生で

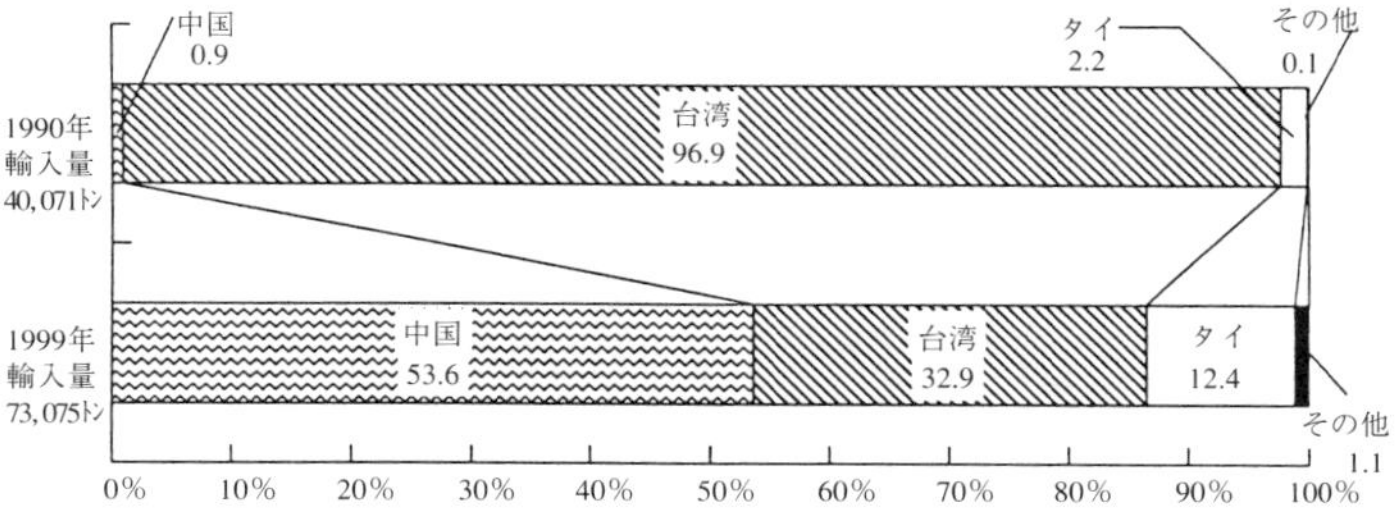

図24　冷凍エダマメ等の国別輸入量の推移
（資料：野菜供給安定基金「VINAS」，原資料：大蔵省「通関統計」）

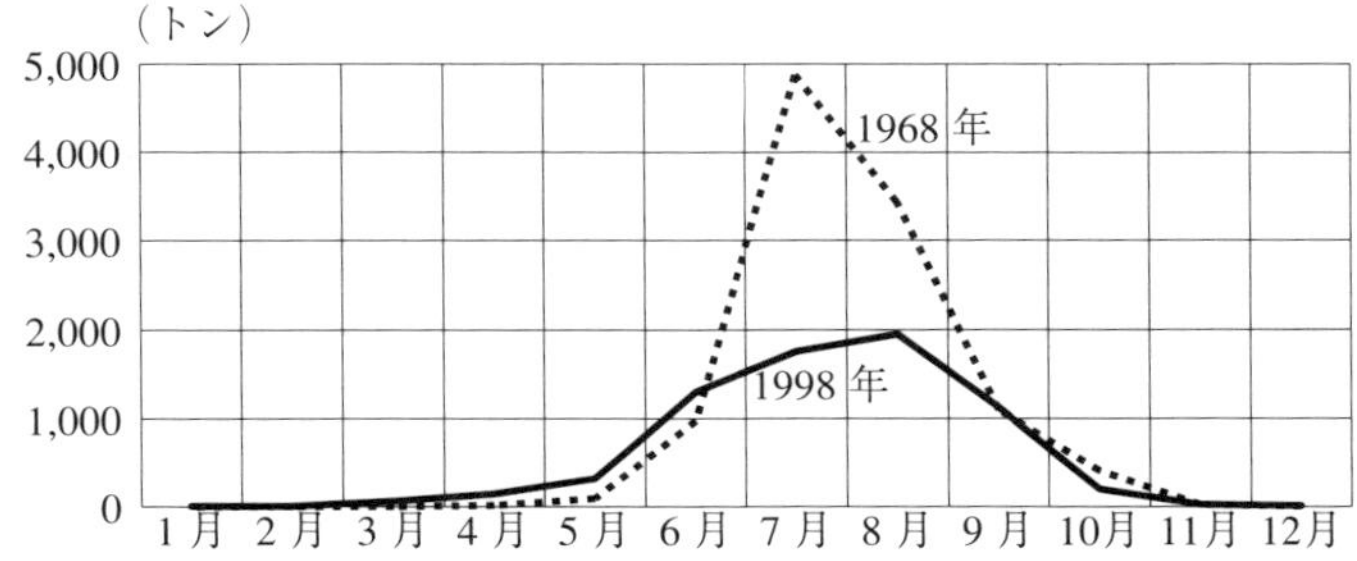

図25　東京市場月別入荷量（**エダマメ**）（30年前との比較）

マメが大きくて味がよく、莢付や粒入りがよく、色が鮮緑で見た目によい、などの条件を備えた品種になってきたのです。

エダマメの品種数は相当多いのですが、昭和四〇年代の代表的な品種としては極早生の「奥原」、早生の「白鳥《はくちょう》」、「サッポロミドリ」、「ユキムスメ」、中生の「三河島」などがありました。他の野菜ほどに店頭に並んでいる姿の違いは大きくありませんでしたが、「奥原」や「白鳥」は莢の表面についている毛《もう》茸《じ》の色が褐色であるのに対して、「サッポロミドリ」以下は白色であまり目立たないぐらいの違いは、一般の方でも気付かれていたのではないでしょうか。

作型としては、ごく限られた地域、たとえば静岡の三保などでは極めて早くからガラス温室による促成が行われ、特殊需要を賄っていましたが、ほとんど大部分は、七〜八月の夏の初めから二か月の露地栽培に限られていました。それが昭和四〇年代の半ばごろから、トンネルや簡易パイプハウスによる早熟、半促成栽培、ビニールハウスによる半促成・抑制栽培などの分化が見られるようになり、出荷期は五〜一〇月へと拡大されるようになってきました。これに対応するように、生態を異にした新しい品種が育成され、今日の品種は多様化の傾向がみられますが、それにしても他の野菜とは大変趣が異なり、かつての「サッポロミドリ」は主要品種として今でも広く栽培され全く健在ですし、「奥原早生」、「白鳥」を用いている産地も見られます。その後に育成された品種では「サヤムスメ」、「ユキムスメ」、「夕涼《ゆうすず》み」などが比較的多いのですが、各地域で選抜された特有の品種を用いる例もかなり見られてきました。

これらの一般的なものとは別に、エダマメで特筆すべきは、味に特色のある地域限定とでもいうべき品種が温存され、長い年月栽培され続けていることです。有名なのは山形県庄内地方の「だだちゃまめ」であり、その血をひくといわれる新潟の「黒埼茶豆《ちゃまめ》」、それにうまいので人に言わないでということから名付けられたらしい「言うなよ」などです。これらの品種はその地域では独特の風味がうけて、なくてはならないものとして重用されていますが、毛茸が褐色なことや臭味や味に癖があるところから大市場向けには不向きとされていました。

しかし、近年この本当の旨味が判る人が増えるにつれて、差別化商品としての生産も見られるようになってきたようです。兵庫県丹後の丹後黒豆は、煮豆にして美味しいので有名ですが、エダマメにしても独特の風味があり、秋の季節商品として人気を高め、地域興しに一役買うようになってきています。

エダマメの産地は元来関東以北や北陸地方に偏っており、関西以西にはあまりなかったようです。現在栽培面積が特に多いのは新潟県、群馬県です。新潟は水田の畦畔に作られていたことから多量に消費されるようになり、それが今日に及んでいるようです。群馬県、それに次ぐ千葉県、秋田県、埼玉県などは各作型で栽培を広めてきています。西の方では岐阜県、徳島県などが著名です。

これまで述べてきたのは国産の生鮮エダマメのことですが、ご他聞に漏れず近年は輸入量が年々に増えてきています。その内訳を見ますと、生鮮エダマメは約三、〇〇〇トンで横ばいですが、冷凍エダマメは七万トン（一九九九年大蔵省通関統計）に達してきました。国内の生産量は約八万トンですから、ほぼ同量に達しようとしているわけです。輸入先は中国からが五四％、台湾が三三％、タイ一二％であり、その入荷時期は三～一〇月で、中国のピークは四月、台湾のそれは五月で、エダマメとしては周年供給化に大きく寄与していることになります。冬でもビールのつまとしてエダマメが容易に食べられるようになったのは、この冷凍ものが出回るようになったからといってよいでしょう。もちろん国産の新鮮なものとの味ははっきりちがうことは云うまでもありません。

エダマメはスイートコーンと同様に、糖分やアミノ酸の減少が早く、常温では二日間で半減するとされますが、冷凍するとほとんど減少しないので、冷凍野菜の代表選手といってよいぐらいです。これは莢だけにした場合ですが、枝や葉、それに根を付けておくと同じく二日間ではほとんど減少しないことが判っており、先人がエダマメとした理由に敬服するところです。今や莢を外してネットの袋につめられて店頭に並ぶ冷凍ものが極めて多くなってきましたが、収穫後の温度の経過などから総合して見ると、味はやはり枝つきマメの方に軍配が上がるといって間違いないでしょう。

一〇　キャベツ

キャベツは生食野菜の大先達と呼ぶことができます。それは、結球キャベツがわが国に渡来したのは一九世紀半ばの江戸末期ですが、当時の食習慣になじまず、あまり伸びてはいなかったものが、明治の中頃に、東京・銀座に店を開いたある洋食店が、カツレツにキャベツの千切りを添えて出したところ、大変好評を博し、それを契機にトンカツの普及にともなってキャベツが生食で伸びだしたといわれているからです。

その後、煮物、漬物、炒め物、酢もみ、巻き物など、いろいろと調理法が判り、使い道の広い重宝な野菜として急速に伸び、今日では市場の取扱高において第四位、葉茎菜類の中ではトップの位置を占め、収穫量ではダイコンについで第二位の重要野菜になってきました。

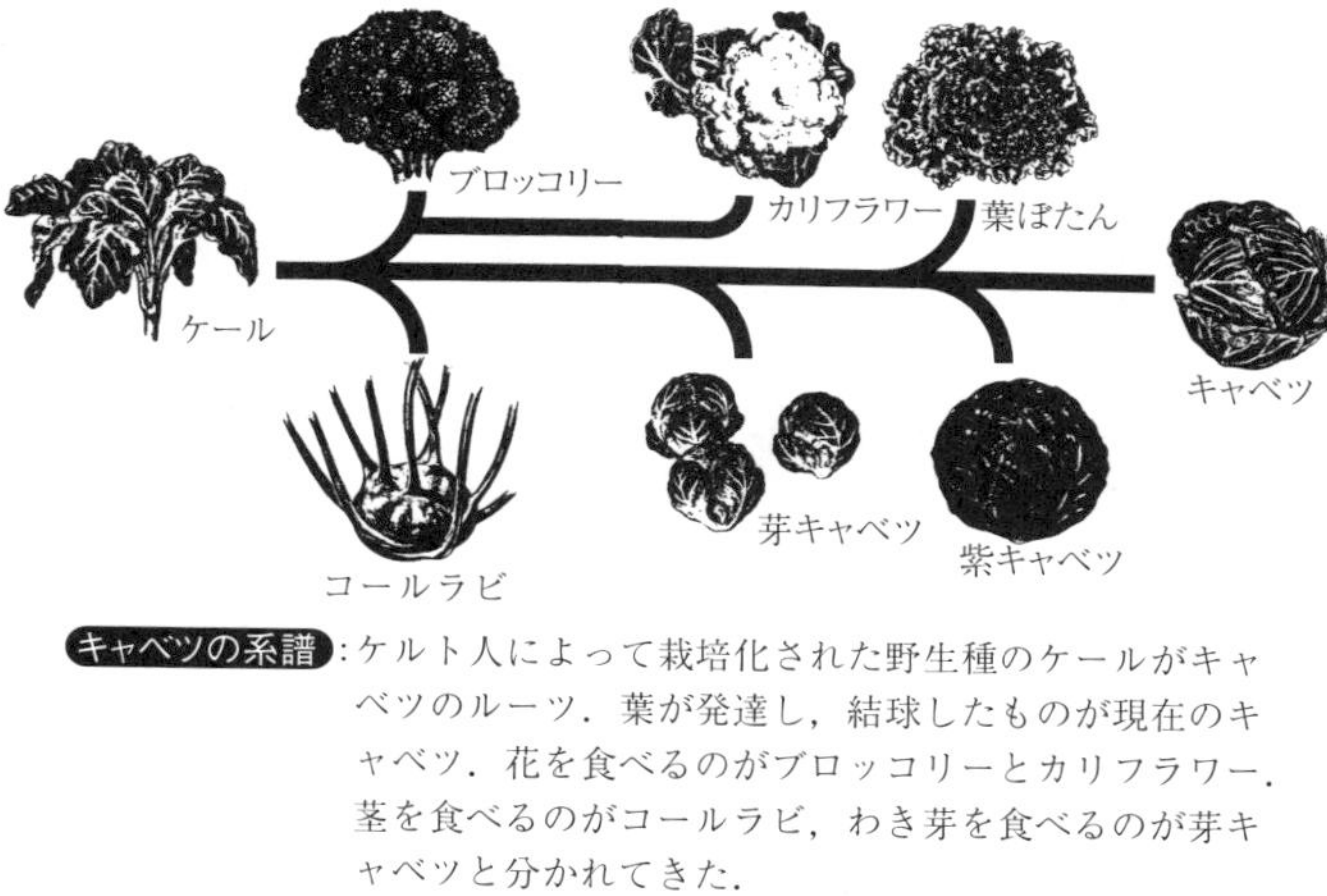

キャベツの系譜：ケルト人によって栽培化された野生種のケールがキャベツのルーツ．葉が発達し，結球したものが現在のキャベツ．花を食べるのがブロッコリーとカリフラワー．茎を食べるのがコールラビ，わき芽を食べるのが芽キャベツと分かれてきた．

図26　キャベツの系譜
（野菜供給安定基金；100万人の野菜図鑑）

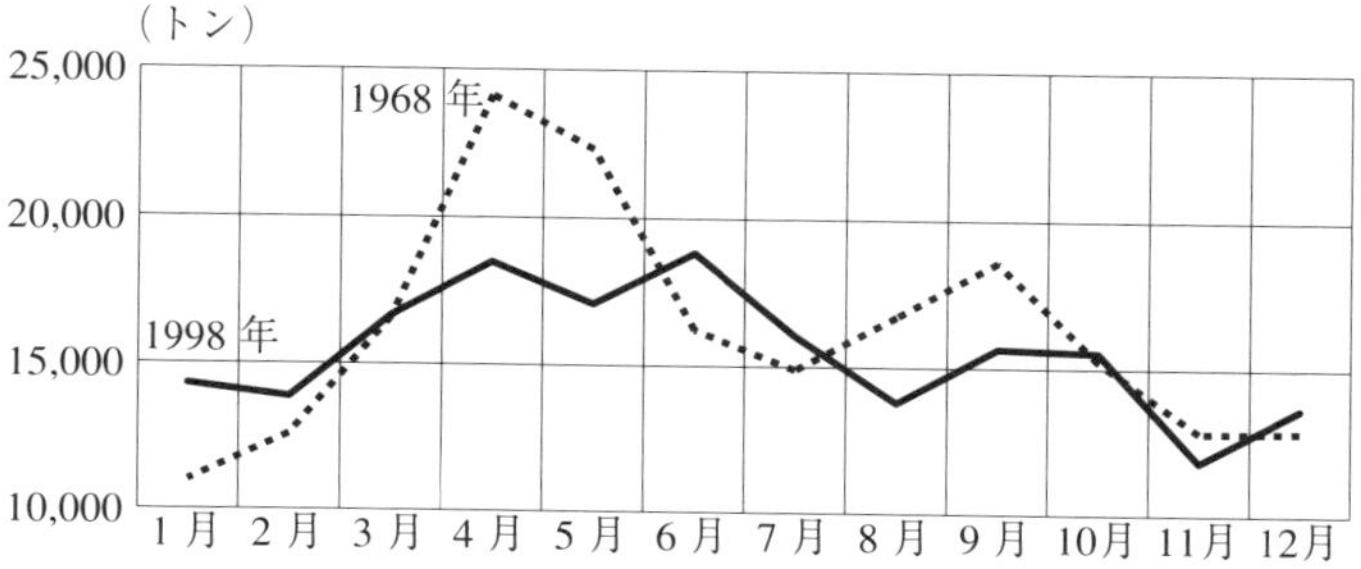

図27　東京市場月別入荷量（**キャベツ**）（30年前との比較）

このような急成長を支えたのは、栽培が比較的易しかったこと、品種改良が活発に行われ、優れた品種による産地リレーで周年的な供給体制が早く出来上がったことによります。他の野菜のほとんどが、周年供給のために施設や資材に依存するところが大であるのに対して、キャベツはそれを用いることなく品種の力でそれを達成し、その意味で環境負荷の小さい野菜であることは、特筆に値するところであります。

振り返ってみますと、昭和二〇年後期までのキャベツは、五～六月が一番の出盛りで、秋まきの早～中～晩生の中・大型ものが旬の味となっていました。その前の四月は、夏まき冬どりの残りのものが少しある程度で一年中では一番品薄の時期で大変高価でした。七月もやや冷涼な地帯で、秋遅くまき保温温床で育苗し春植えしなければならないので、難しく品薄でした。八月には高冷地の春まきのものが出始め、やがて東北の春まき栽培ものが出回ってきて、一〇月のはじめまでそれが続きます。それ以降は一般の平坦地の夏まき冬どりとなり、比較的豊富に出回りますが、一～二月以降は暖地に限られ、夏遅くまいて長く畑においてもとう立ちしないような品種を用いて栽培することにより三月まで収穫され、一部では四月まで延長されました。それぞれに用いることのできる品種は限られていましたが、この時代に既に輸送園芸が発達し、短期的には不足がみられたものの、ほぼ一年を通じて供給がなされていたことは、感嘆に値するものと思います。

キャベツの品種は明治の初頭に、政府の勧業寮（産業を奨励するために設けられた官省）、北海道開拓使により欧米諸国から取り寄せられましたが、ヨーロッパ原産で冷涼な気象を好むことから、寒暑が著しく湿度の高いわが国には適しにくく、わずかに北海道、東北の一部に栽培法の改善もあって定着したものの、他には適応しませんでした。その後主として民間の育種家の努力によって、いろいろな作型に適する品種、特に不抽苔性《ふちゅうだいせい》（とう立ちしにくい性質）、結球性、耐暑性、良品質の改良が積極的に進められ、多くの優良品種が生まれてきました。このことが前述のような周年生産を早く達成したことは間違いありません。

昭和三〇年以降、一代雑種（F1）の優良品種が相次いで多数育成され、周年生産の安定化、品質向上の実が上がってきましたが、耐病性品種の果たしてきた役割も大きなものがあります。キャベツは元来病害には強く、連作にも相当耐える性質がありますが、大量生産、大量流通の要望が強まるにつれ、輪作に無理が生じ、土壌病害の発生に悩まされる産地も多くなりましたが、萎黄病、黒腐病などの抵抗性品種が育成され安定生産に寄与しています。

野菜はすべてそうですが、キャベツは特に用途が広いばかりではなく、栄養的にも、機能食品としても極めて重要であります。しかし、その栽培管理や収穫・搬送などには省力・快適化すべき労働が多々あります。それらの対策として、種まき、育苗をセル成型苗で行い、全自動移植機で植え付け、収穫（畑からの切り取り・集め）を機械作業で行うシステムが開発され、実用性が高いことが実証されてきています。全作業工程の機械化は野菜のうちでは最も進んでいるので、その普及が待たれるところです。

周年生産が品種によって確立し、冬には暖地で耐寒性品種を用いることにより生産されるようになりましたが、それで問題がなくなったわけではありません。冬でも春のような結球の柔らかな、食味のよいキャベツが欲しいという難しい要望があがってきたのです。品種改良もさらに進められましたが、当然のことながらそれには限界のあるところで、寒気の厳しい時には寒害（球の表面の一枚下の葉がやられる）を受けるのです。この対策としては、割繊維《わりせんい》不織布《ふしょくふ》などのごく軽いべた掛け資材の被覆が有効なことが判り、神奈川三浦などのキャベツ畑には一面に白い被いが見られるようになってきました。欲望はきりなしですが、このような栽培をあまり広く増やすと、資材を使わずに品種の力で同年生産を達成してきたキャベツがそうでなくなってしまうのが残念です。

集団産地ではアブラナ科野菜共通の大敵コナガの防除に性フェロモンを用い交信撹乱により無農薬防除をはかったり、輪作作物のダイコンの土壌害虫キタネグサレセンチュウの防除のために、アフリカンマリーゴールドを輪作の一環に取り入れ、薬剤消毒をなくした畑がみられています。このような持続可能な農業へのとり組みは、これから一層拡がってきてほしいものです。

十一　レタス

レタスは比較的新しい野菜と思われがちですが、世界的に見ると紀元前六世紀にはすでに栽培され始めており、ペルシャ王の食卓に供せられ、古代エジプト、ギリシャ、ローマでは一般的な野菜

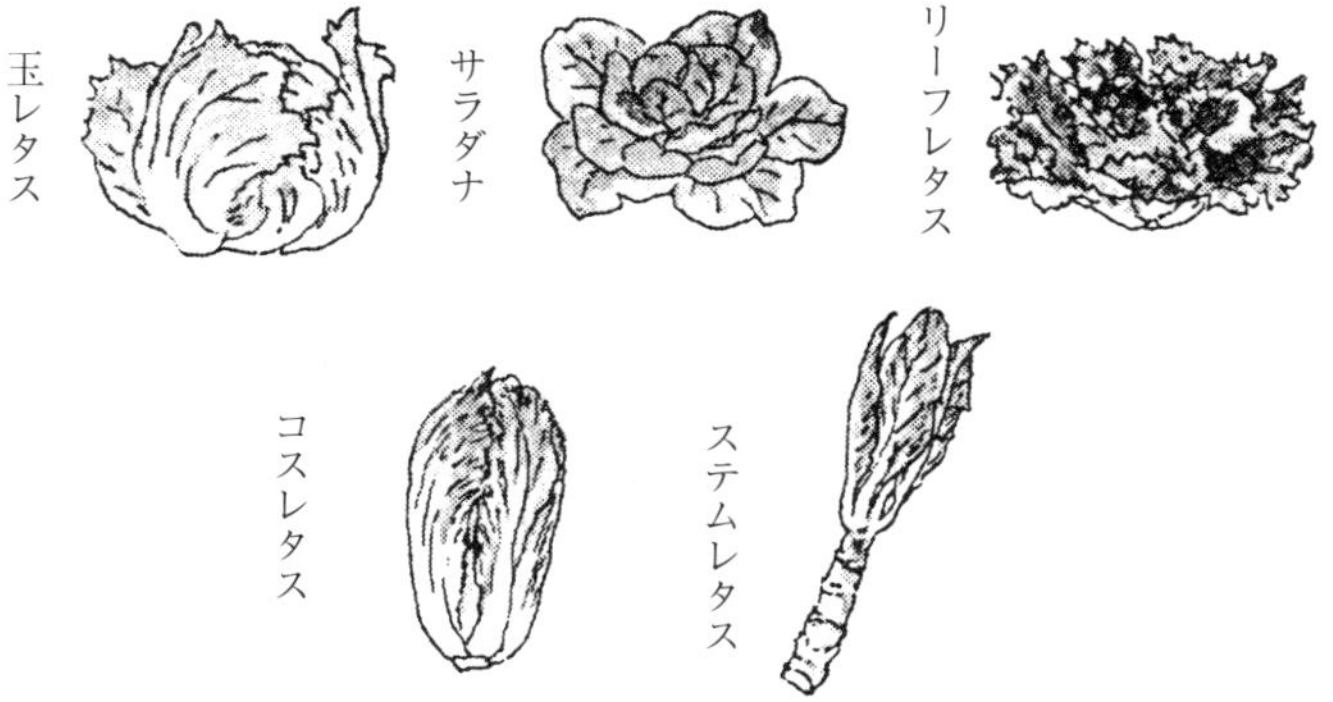

図28　レタスの仲間

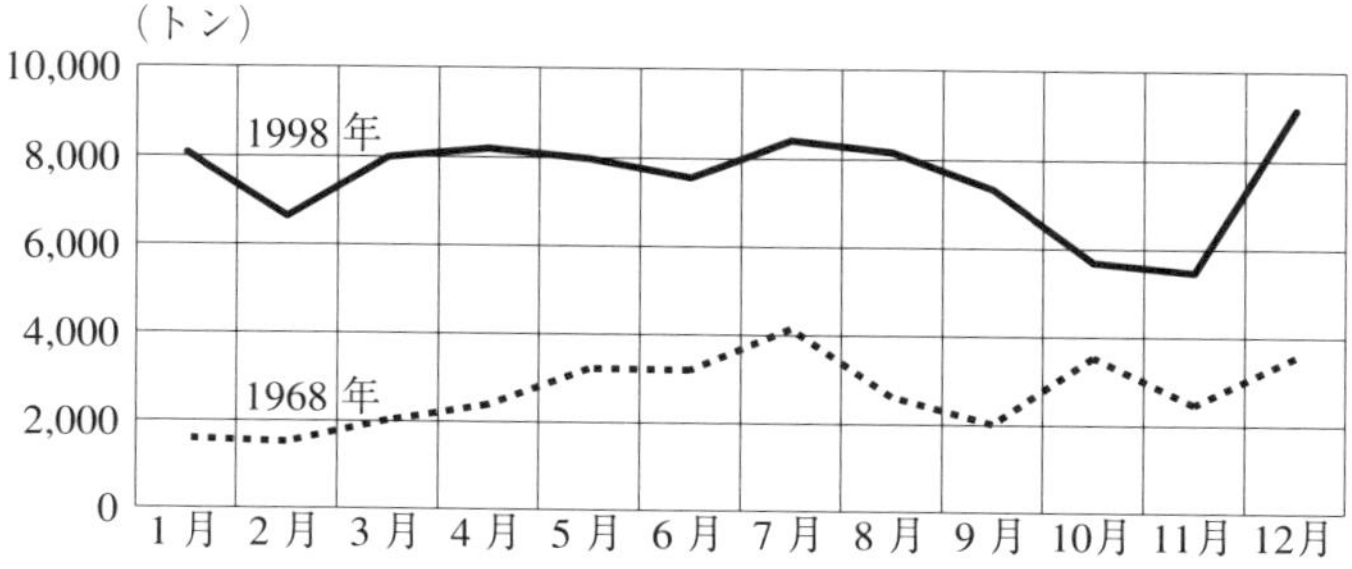

図29　東京市場月別入荷量（**レタス**）(30年前との比較)

として栽培され、食べられていたと伝えられるほど長い歴史をもっています。

わが国においても原種に近いリーフレタスが中国から伝えられ、すでに平安時代に食べられていた記録があるほど古い野菜なのです。江戸時代にはかなり栽培され食生活になじみ、なますや煮物にまで使われています。そのころすでに紫色のものもあったとの記載もあります。

いろいろなタイプのも

の多くは明治時代に再導入され、愛好家の間で栽培されていたようです。その名残りでしょうか、私も子供の頃、田舎の自家菜園で「掻《か》きちしゃ」と呼んで祖母が作っていた様子がありありと思い出されます。しかし、あまり食べたという記憶はなく、その後も経済栽培されていることを見聞したことはありませんでした。生産としてはほとんど伸びていなかったのは、熱を加えることの多い和食に傾いたためか、それとも他によい野菜がでてきたためでしょうか。第二次大戦後の昭和二〇年代にはほとんど流通していませんでした。

それが昭和三〇年代に入った頃から、米軍の影響を受けて清浄栽培されるものが多くなり、レタスが生で食べられるようになり、パン、ミルク、肉、野菜サラダへと食がアメリカナイズされ、需要が増えるとともに、本格的な生産が行なわれるようになってきました。

レタスの種類としては、それまでわが国で改良が進められ、一部の需要が賄《まかな》われていた半結球のいわゆるサラダ菜ではなく、歯切れがよく生食しやすい、結球する玉レタスであり、アメリカで改良された優

レタスの名の語源は「乳」

英語名のレタスlettuceはラテン語のラクチュカlactucaからきていますが、この語源は乳を意味するラクlacです。レタスの葉や茎を切ると、乳に似た白い液が出るところからきています。

日本ではレタスを「ちしゃ」とよびますが、これを漢字で書くと「乳草」。この「ちちくさ」が、「ちしゃ」になったとされています。東西を越えてともに「乳」をイメージした名なのです。

この「乳」は、収穫してすぐ箱づめするときは、他をよごすので、丁寧なところでは切り口を布や新聞紙でふきとってから詰めています。

良品種が続々と導入されるようになりました。食生活の洋風化による需要増に応えて、昭和三〇年代後期から全国各地で栽培法が検討され、露地栽培に始まりポリマルチ（ポリエチレンで地面を覆うマルチ栽培）、ビニールトンネル栽培へと地域にあった新しい作型が開発され、産地が広まっていきました。当時の代表的な品種としては「グレイトレイクス」、「グイトレイク　366」、「ペンレイク」、「オリンピア」などがあり、今日に見られる夏秋期の長野、冬の香川、春の茨城ほか関東近県などの主産地も形成されはじめ、産地リレーで周年供給する方向に、足早に進んできました。今日収穫量が全国一位に成長した長野県は、高冷地の特徴を生かして夏を中心とした生産ですが、その多くはかっての高冷地キャベツの名産地であったところで、需要に応じた野菜の種類転換が図られた典型的な例として特筆されるものです。

新鮮な野菜の輸送

シニアの皆さんにはジェームス・ディーン主演の映画「エデンの東」に、満載したレタスを貨車で遠く東部に輸送するシーンを覚えている方が多いのではないでしょうか。

このように、アメリカでは収穫したてのレタスを出荷前に砕氷を使って温度を下げ、輸送や保存に耐えるようにする技術が早くから実用化されていました。

野菜は呼吸をしています。そのまま輸送すると、車や箱の中の温度が40℃前後まで上がることもあるので、収穫後すぐに冷やすなどの方法で、生鮮状態を保つことが必要です。今では真空冷却（減圧で水分を蒸発させることにより冷却）が、野菜の予冷技術の中心となっています。この技術と保冷車とを活用し、産地から全国へ鮮度を保っての出荷が可能になったのです。

需要増につれて、玉レタス以外のタイプの異なったレタスの栽培も行われるようになってきました。一世紀前は多様であったタイプが長らく玉レタス全盛となっていましたが、生活様式、食の多様化時代を迎えて再び賑やかになってきたわけです。現在店頭の野菜コーナーには結球したもの、しないもの、葉の形・色などの異なるものなど多くのものが並んでいることに気付かれているでしょうか。

現在私たちが店頭で見ることのできるレタスの種類（タイプ）には

a・玉レタス（玉チシャ）
b・リーフレタス（葉チシャ、サニーレタスなど）
c・コスレタス（立チシャ）
d・ステムレタス（掻《か》きチシャ、茎チシャ）

の四つがあります。玉レタスには、多く見られるクリスプヘッド型の結球レタスと、バターヘッド型の半結球のいわゆるサラダ菜の二つがあり、ステムレタスの中の掻きチシャ（肉や魚を包んで食べるサンチュ）と茎チシャ（茎が太く三〇～四〇㎝にも伸びる。細く割いて乾燥し、煮て食べるのが中国の畑クラゲ）も大変違うので、店頭で見かける形としてはさらに二～三種多くなっていると思われます。

近年、本場のアメリカでは、腰が高くゆるく結球したコスレタス（ロメインレタスともいう）がカットしやすく、歯切れがよくて食べやすいことから、相当な勢いで伸びてきており、わが国にも輸入されてきています。レタスはなんといってもアメリカが消費大国で、育種も進んでいるので、その影響は極めて大きいものがあります。近々日本の、玉レタスが八〇％以上という種類別住み分けも変ってくるに違いありません。

産地における栽培法も、規模拡大につれて、難しくて手のかかる育苗がセル成型苗《せいけいなえ》で省力化されたり、育苗センターに外部委託されたり、畝立て、フィルムマルチング、植え付けを機械化したり、また、包装、鮮度保持、輸送をシステム化したりして、大きく変ってきました。また、リーフレタスやサラダ菜は養液栽培されるものも増えてきました。これらの詳細は別項にゆずるとして、近年の話題となるものに人工光源による植物工場の生産があります。

植物工場は早くから研究されていますが、施設費やランプ・電気料が高額なために実用に難しいのですが、作物として一つだけ、レタスはかなり弱光線

マルチングの効果

地面に、わらや刈り草、プラスチックフィルムなどを敷きつめることを、マルチングと呼んでいます。

この効果は、用いる資材によって異なります。わらや刈り草などを株元に敷くと地温の上昇をおさえ、雨によって下葉へ土砂がはね上がったり、土の表面がかたまったりするのを防ぐ効果がありますが、プラスチックフィルムを敷くと、逆に地温を上昇させます。下葉への土砂の付着や、土の固結を防ぐのはわらと同じですが、フィルムの場合には雨による肥料の流失を防いだり、黒色フィルムでは雑草の生えるのを防ぐ効果もあります。

このほか最近では、光を反射させる資材によってアブラムシの飛来が少なくなり、ダイコンやハクサイのウイルス防除の効果もあがることがわかり、早くから野菜栽培には広く使われています。

でも育ち、生育が早いので、清潔で柔らかくて食べやすい差別化商品として、特定の販路・流通で採算がとれるようになり、最近その実施例が増えてきました。O157の問題で、食品の安全性に対する関心が高まったことも、一つの普及の好機になったようでもあります。現在の植物工場の設置箇所数は全国で三〇数か所で、面積規模も大きくありませんが、天候の如何にかかわらず、計画的に連続して一年中作付けができ、生育や成分が自由に制御できるのは、生産方式として魅力のあるところです。経済性とともに、多くの人々、社会から、どのような評価を得られるかが今後の伸びを支配することになるでしょう。

一二　ホウレンソウ

昔のホウレンソウは葉の緑が濃く、葉肉は薄めで、葉縁は尖っていて切れ込みが深く、根元付近が紫赤色に色づき、特有の香りをもち、味が濃かったものです。また、葉は横に広がり、株は大きく育っており、いわゆる株張りがよかったのです。昨今のホウレンソウは、おしなべて葉は立型で緑は薄めで肉厚が厚く、香りが少ないのに比べると大ちがいです。

昔のものが恋しかったら、大手種苗会社のカタログを調べて、「日本」、「新日本」、「次郎丸」などの品種の種子を手に入れ、露地栽培で秋まき冬どりをねらい、有機質肥料を元肥や追肥に施し、

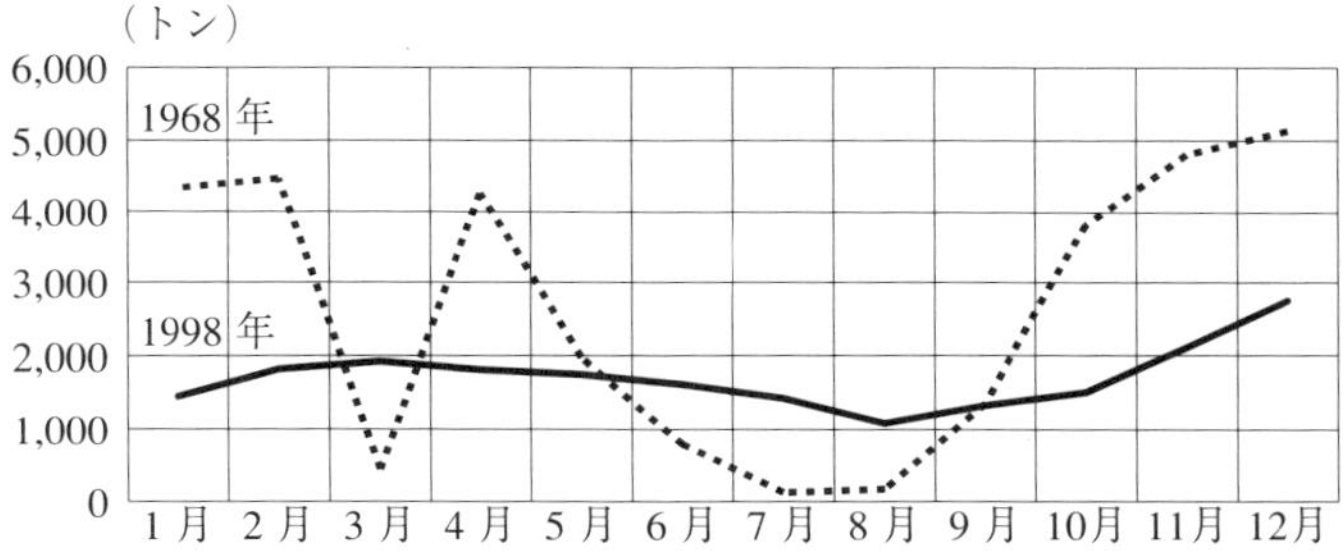

図30　東京市場月別入荷量（**ホウレンソウ**）（30年前との比較）

間引きを十分に行い、広い株間を与えて栽培することです。肥料や土壌水分は少なめに、できるだけ少農薬にすること、収穫は草丈が三〇㎝ぐらいの、少し大きめにするのがコツです。大気条件が変わってきたので、全く同じという訳にはいきませんが、ホウレンソウは最も昔の味が再現しやすい野菜の一つといってよいでしょう。

いま市場に出回っているホウレンソウの荷姿と味は、昔のものとは全くといってよいほどに変わってきているのです。

変わった原因の一つは品種です。ホウレンソウの品種には、大きくわけて東洋種と西洋種があります。昔の品種は、東洋種のうちでもわが国に古くから栽培されていた日本在来種と呼ばれるものがほとんどでしたが、その後中国から導入された耐暑性の強い、葉の厚い品種が加わり、東洋種といっても形のだいぶ変わったものも加わっていました。これらの東洋種は葉色が薄く、あくが少なく、お浸しなどの日本料理に良く合う、言うなれば昔型のものでした。しかし、昭和三〇年代以降になると、西洋種が盛んに導入され、これと東洋種の交雑固定種や、西洋種と東洋種の一代雑種（F1）の新品種の育成が盛んになり、東洋種の性質を強く受けて葉の基部に切れ込みがある葉先が三角形の剣葉系、西洋種の性質を強く受けて葉に切れ込みがなく、葉先が丸く葉柄が太い丸葉系など形態の変わったものが現れてきました。

また、栽培が増えるにつれて問題となってきた、べと病に対する抵抗性（それぞれレース1、2、3、4）や、夏の栽培のための耐暑性、とう立ちの遅い晩抽性《ばんちゅうせい》、あるいは生産面で手数のかかる収穫・調整のしやすい立性の草姿をもったものなど、生態に特色のある品種の育成が進んできました。

ホウレンソウの種子は、角《つの》をもち「角《つの》ばったもの」というのは東洋種のことで、現在用いられている一代雑種のほとんどは、角《つの》のない丸だねとなっており、大変扱いやすくなってきています。また、種子の堅い果皮を取り除き、裸にし、発芽しやすく、果皮から伝わりやすい病害の恐れをなくしたネーキッド種子が開発されたり、種子を水溶性のテープに一定の間隔で封入し、これを引っ張って畑に埋めることにより、最適の株間で揃って発芽させ、大変手数のかかる間引き作業を完全に省略するなど、種子にまつわる技術の改良も進んできました。

ホウレンソウの需要が著しく伸びたのは、昭和四〇年代に入ってからですが、それは各種ビタミン、ミネラル類を豊富に含んでいることと、胃腸の箒《ほうき》といわれるほどに消化吸収のよい食物繊維が胃腸を整え、便通をよくすることによるもので、健康を重視するようになった生活志向と一致しています。それに伴って、従来の露地栽培主体の作型は、冬から春の生育促進のための、ハウスやトンネルの利用、夏の生産には高冷地、冷涼地において雨除けハウスを利用する栽培が盛んになってきました。

また、ごく薄くて軽く、葉上に直接被覆することのできる不織布などの軽量のべた掛け資材の利用技術も開発され、夏・冬ものの品質向上を図る栽培が生まれてきました。これらの被覆栽培によるホウレンソウは、いずれも露地栽培による旬のものに比べると、柔らかくて、風味の乏しいものとなってきたことは否めませんが、一方でこの方が食べやすくなったという声も少なくないのです。これは食生活の変化で味覚が変ったからでしょうか。

最近、従来ホウレンソウでは不可能であった養液栽培が、ナッパーランドというシステムの開発で成功し、相当大規模な施設による経営事例が見られるようになってきました。これによる生産物は被覆栽培のものよりさらに柔らかく、清浄度が高いので、サラダに用いて生食するのに向いており、若い人に人気が出ています。ここでも大きな食指向の変化が見られます。また、この養液栽培は硝酸態チッ素の含量を半減させるように制御することも可能な特色があり、近い将来これらのことも大きく評価されるようになるでしょう。

傷みやすく鮮度が落ちやすい軟弱野菜が、流通できるようになったのは、機能性の高い包装材の開発と、予冷・低温輸送などの技術の発達を抜きにしては考えられませんが、これについては割愛します。

一三　ブロッコリー

ブロッコリーは、カリフラワーの原型とされ、ともに明治の末期から大正にかけて導入されました。弟分のカリフラワーの品種改良が先に進められ、消費もかなり伸びましたが、ブロッコリーの方は昭和三〇年代まであまり注目されず、よい品種にも乏しく、マイナーな野菜の域をでませんでした。それが、昭和四〇年すぎから、食の洋風化の進行と、健康を大切に考える風潮の高まりにつれて、緑黄色野菜として栄養価も高く、ビタミンC（レモンの二倍）、カロテン、鉄、植物繊維も豊富で、茎部には糖分が多く、甘くて美味しく、色どりもよいという魅力に人気が集まり、カリフラワーを差しおいてどんどん需要が伸びていきました。昭和四〇年代以降から需要が急増したという、特色ある野菜の一つです。

今でも思い出すのですが、昭和三〇年頃の品種といえばアメリカからの輸入の二～三種（「ドシコ」、「グリーンマウンテン」など）しかなく、それはそまつなもので、花蕾《からい》の出現、大きさにばらつきがあり、生産効率は極めて悪いものでした。一方、カリフラワーの品種はかなり良く、その後も急速に改良が進むのですが、ブロッコリーの方は、需要の少なさもあってか、足取りは遅く、わが国で改良された「中里早生」が生まれたのは、昭和三六（一九六一）年になってからのことでした。市場出荷の、ある程度まとまった生産が行われ始めたのはこれ以降とみてもよいでしょう。

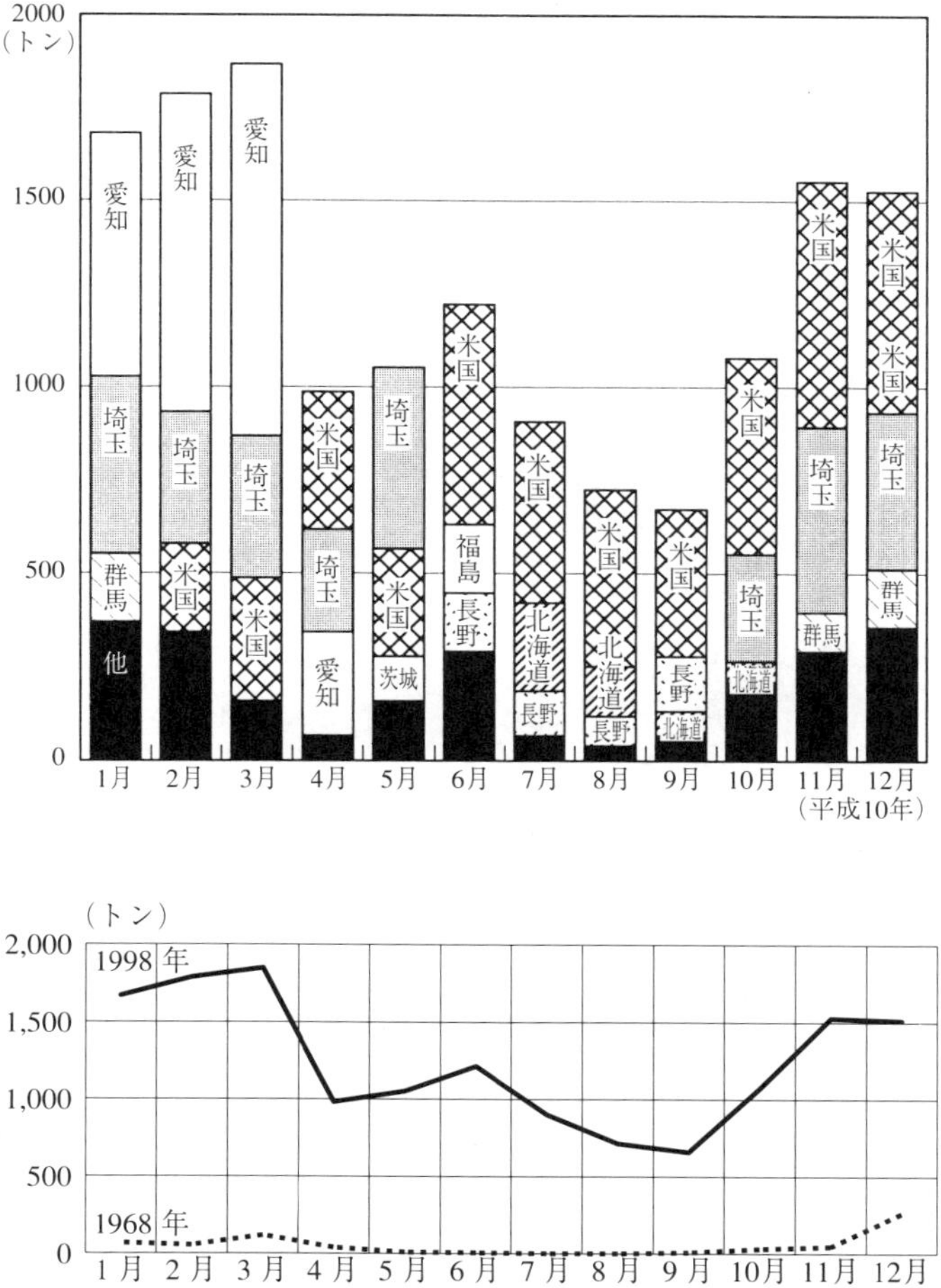

図31 東京市場月別入荷量と産地 **(ブロッコリー)** (30年前との比較)
(野菜供給安定基金)

ですから、昔の時点のとらえ方によっては、昔はなかった野菜に位置づけられるのがブロッコリーなのです。

「中里早生」に続いて、ほぼ時を同じくして育種していた国内の先進種苗会社数社から極早生、中生、中晩生など熟期を変えたり、側枝の発生を少なくしたり、色を良くした改良種が盛んに発表され、収穫時期の幅を広めるとともに良質品の生産が行いやすくなってきました。これらのほとんどは、わが国の卓越した育種技術の、自家不和合性を利用し、極めて能率良く採種できるようにしたF1品種であります。

このような優れた品種の出現により、栽培が容易になり、また、米の生産過剰対策としての水田転作の作物としても取り上げられました。こうして本格的な生産が増え、消費も伸びてきましたが、もう一つ、消費の増大の大きな推進役となったのは、夏から秋を中心にしたアメリカからの輸入ブロッコリーです。日本で生産が困難な時期に、気候的に恵まれたカリフォルニアの地で生産されたものが輸入され、一年を通して店頭に並ぶようになり、いつでも求めることのできる野菜として、ブロッコリーが食生活の中に位置づけられてきたのです。

輸入が初めてみられたのは昭和五五（一九八〇）年に台湾からの八トンが最初であり、五年後には輸入量は六倍に伸びましたが、その後台湾産はなくなり、代わってアメリカからの輸入が本格化しました。昭和六三（一九八八）年には一千トンを越え、平成三（一九九一）年に急増して二万一〇〇〇トンとなり、平成七（一九九五）年には七万三〇〇〇トンでついに国内総流通量の五〇％を越えました。さらに平成十一（一九九九）年には九万一〇〇〇トンに達し国内流通量の実に五六％を占めるまでになってきました。現在アメリカの輸入数量のシェアは九六％の高率となっており、他は中国（最近急増傾向）、オーストラリア、メキシコ、ニュージーランドなどが若干あるにすぎません。しかし、今後伸びるのは中国とも云われてきました。

アメリカは安い海外からの労働力に恵まれ、日本より極めて生産コストが低いところへもってきて、鮮度保持の技術が確立され、品質を落さずに海上輸送できるようになったのが強みです。ブロッコリーは数多くの蕾の塊ですが、それを開花寸前に収穫するために、すぐに黄ばみ、品質が落ちやすいのが難点です。そこで、これを耐水ダンボール箱に横づめし、シャーベット状の氷水を隙間なく詰め、冷凍トレイラーにつんで船輸送により0℃を維持し、氷中花の状態で入ってくるのです。本来水分が八四・九％と野菜の中では少ないことも、このような鮮度保持を容易にしたのです。

春と秋だけの季節商品であったものが、輸入品が加わることによって周年供給されるようになり、そのことが消費者にも歓迎され、需要を伸ばしてきたというわけです。今日多くの野菜が海外から輸入され、様々な影響が出てきていますが、ブロッコリーはカボチャなどとともに、国産品と輸入品の季節的な住み分けが比較的うまくいっているまれな野菜として位置づけられます。しかし、すでに競合する時期も生じてきており、これからの動向が大いに案じられるようになってきました。

これらの輸入品もその品種のほとんどは日本の大手種苗会社により開発・供給されているものであり、さらに世界のブロッコリーの大半がこれら種苗会社のもので握られているといわれることは、育種の技術力の面からみると頼もしい限りといえましょう。

一四　ネ　ギ

原産地は中国とされていますが、わが国へは朝鮮半島を経て有史以前に渡来した、と伝えられるほどに歴史の古い野菜です。長い間に全国各地に広がったようで、その呼び名も数え切れないほど多くあり、形や性質の異なる実に多くの品種が全国的に分布しており、それぞれの地域で重要な作物として栽培され、利用されていたことが伺われます。しかし、著名な栽培地域は比較的限られていたようです。今に残る代表的な品種の分布からみると千住群を生んだ関東と、九条群を生んだ関西・東海を二大地域として、それに加賀群を生んだ北関東から東北・北陸の一部にかけての地域を加えたところだと推測されます。

特徴のある品種を、その特性を生かして小範囲で栽培されていたものは別として、昭和三〇年代半ばまでは、ネギは大まかにいって、千住群、加賀群の品種を用い土寄せ軟白して作り、白い部分（葉鞘《はざや》）を食べる、主として関東を中心とした、いわゆる根深ネギと、九条群の品種をを用い、僅かに土を寄せるだけで強いて軟白はしないで作り、緑の葉の先端まで食べる、柔らかい、いわゆる葉ネギに、需要区分がかなり明確にわかれていました。

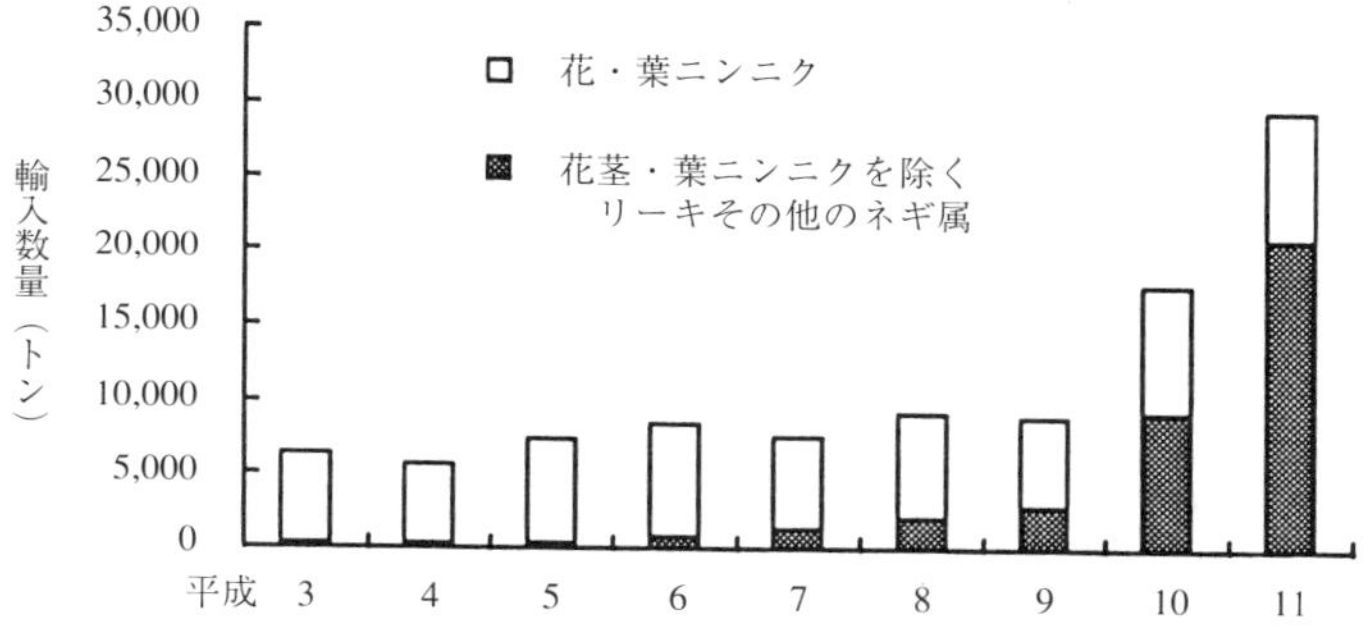

図32　リーキその他のネギ属輸入量の動き
（大蔵省「貿易統計」，農林水産省「植物検疫統計」）

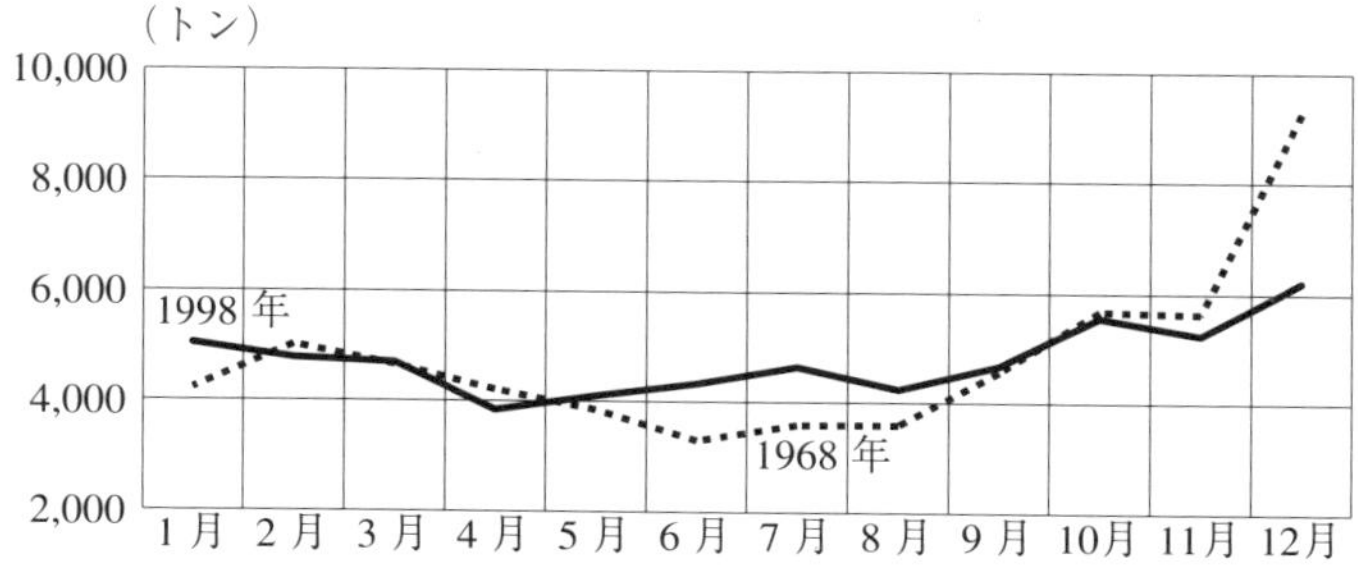

図33　東京市場月別入荷量（**ネギ**）（30年前との比較）

関東は白、関西は緑、を食べる食文化は、関東の耕土が深くて土寄せしやすい土壌、厳しい寒気、関西の重い土壌、緩い寒気と湿りなどの対照的な環境、そしてそこに生まれた品種・栽培法などが総合された結果として出来上っていったのでしょう。

根深ネギには千住群の中に「千住黒柄」、「合黒」、「合柄」、「赤柄」の四系統（大正時代に分類されたもの）があり、葉色の緑の濃いものから薄いものへと四段階に区別され、さらにそれぞれに「黒昇《くろのぼり》」、「金長《きんちょう》」、「深谷」、「王喜」などの固有名詞をもちランク付された品種がかなり多く存在していました。「黒」は耐暑性が強いが耐寒性は弱く、「赤」になるほどその逆に、耐寒性は強いが耐暑性は弱いなど、それぞれに得失があるので、品種の特性の説明には「まずこれは黒柄系で……」というように親系の区分が用いられるものが多く、その特性を知るのに好都合でした。加賀群には「加賀」、「下仁田」、「松本一本太」などがあり、太くて柔らかな特徴がありました。同様に九条群にも「九条太」、「九条細」、「越津《こしづ》（九条群と千住群の交雑種、両地方の中間の東海地域産）」などの品種が分かれていました。

これらの根深ネギ、葉ネギの地域区分が大きく変り始めたのは昭和四〇年前後からです。高度経済成長にともなって、かつてなかったほどの人の移動、居住地や住居の変更が激しくなり、出生地の異

「軟化」と「軟白」

人工的に光をさえぎって、葉緑素の発現をおさえ、白く、柔軟に育てあげた野菜を、軟化野菜と呼んでいます。

代表的なものは、軟化したウド、ミツバ、ミョウガなどです。たんに光をさえぎるだけでなく、温度を加えて育ちを促進し、長く伸ばして利用部分を多くする特殊な栽培技術があみだされています。この場合は、地下室やフレーム、ビニールハウスなどの施設が用いられます。

これに対して、たんに光をさえぎって白くする方法を、軟白《なんぱく》と呼んでいます。

根深ネギの土寄せや、エンダイブの遮光処理は軟白するための手段で、これを行わないとよい製品に仕上がりません。黄色のニラ「黄ニラ」も緑のものを光をさえぎって軟白したものです。

軟白には特に温度を高めたりしないのが通常です。

なる人が混住するようになったのがその主因ですが、それとともに輸送方法が変り、時間が短縮され、流通にも大きな変革が起ったことが上げられます。特に首都圏の人口が増えるにつれ、関東でも柔らかな葉ネギの需要が起こった時に、福岡からの博多万能ネギが送り込まれました。用途が広く、ほとんど周年的に良品が供給され始めたのが大きな反響を呼びました。ビニールハウス、トンネル、露地など作型を組合せ、栽培管理、集出荷法を改善し、ラッピングした小束を発泡スチロールの箱に綺麗に詰め、上向きに曲がってこないように箱を終始立てて積載し、航空便で東京に運んできたのです。これがかつてなかった高級品イメージの、使いやすいネギとなり、愛好者を増やし、各地に普及していた養液栽培ものの増勢なども加わって、葉ネギの需要の輪を全国的に広げました。また、万能というネーミングもぴったりで消費者うけしたのです。

ワケギとアサツキの区別

ネギの仲間のユリ科の野菜は数多くありますが、いちばんよく似ているのはワケギとヤサツキで、つい混同しがちです。名前も日本名でアサツキのことをセンボンワケギと呼んでいるのは、葉が細いけれども、よく似ていることの証拠といってよいでしょう。

ワケギは中国から渡来し、アサツキも中国と日本に産し、ともに中国との関係は深いのですが、中国名でも、ワケギは「慈葱」、アサツキは「蒜葱」と区別しており、違うことは確かのようです。

いちばんの違いはアサツキのほうが葉が細く、径三ミリぐらいの管状で、強健であり、四月頃とう立ちして、紫色の花をつけます。ワケギのほうは葉がもう少し太く、花をつけることがないので、この点では、はっきり区別できるのです。

五～六月に葉のつけ根の部分が肥大して鱗茎をつくり、休眠して葉は枯れてしまう性質は共通しています。

一方、主流の根深ネギの方では、栽培技術について大きな変化が起こりました。かつては、通常、多くの産地で、夏の暑い盛りに畑に深い溝を掘って苗を倒れないように丁寧に植え付け、秋に三〜四回の土寄せをして、冬の一番寒い時期に、高く盛り上げた畝を崩して長い白根を掘り出して収穫し、丁寧に皮を剝いて綺麗に束ねて出荷していました。それが近年は、溝掘り、土寄せはもちろんのこと、植え付けも苗の作り方から変えて、機械で省力的に行えるようになり、皮剝きもネギを傷めないで機械で瞬時にでき、一定量ずつベルトコンベアにのせればラッピングも自動的にできる機械も実用化されています。形状が単純なこともあって、野菜のうちで最も機械化が進んだ種類といってよいでしょう。ハウス栽培で土寄せをやめ、両方から発泡スチロール板で挟んで軟白する方法をとっている産地も見られるようになりました。こうした栽培法の開発によって、根深ネギも北海道や大分、鹿児島に新しい産地が広がったりしています。

ただし、懸念されるのは、品種改良が進み、F1が多くなり揃いもよくなってきましたが、近年の品種は、こうした機械化に適応しやすく、栽培しやすく、白根がよく締まった固いものになってきたことです。このことが需要停滞の原因の一つになっていないかと懸念されます。近年、中国からの根深ネギの輸入は、年ごとに大変な勢いで伸び、その質の向上には目を見張るものがあり、平成一三（二〇〇一）年四月にはついにセーフガード暫定措置が発動されるに至りました。国産品は消費者に喜ばれ信頼される商品にすることに一段と努力が望まれる時代になってきました。新しい産地の栃木県では施設・機械で省力化し、栽培を入念にして柔らかくて味のよいネギの生産に力を入れ、生でも食べられる品質のよい差別化商品として「那須の白美人」と名付け市場に送り出し、人気を博しています。高品質化への一つのモデルになるものといってよいでしょう。

一五　タマネギ

わが国に導入されたのは明治四（一八七一）年であり、本書で取り上げた野菜の種類の中では最も新しい野菜で、それ以前は国内では全く栽培されていなかったのです。原産地は中央アジアのアフガニスタン、インド北西部、タジク共和国辺りの中山間地帯と推測されていますが、野生種はまだ見つかっていません。歴史的に見ると世界でも極めて起源の古い野菜で、紀元前数千年の遠い昔に、ペルシャ（イラン）ではこれを神事に用いた古記録があるとされ、ピラミッド建設の労働者に対する支給高がダイコン、ニンニクとともに記されているといい、エジプトのピラミッドの壁画の記録を大きく遡った時代から栽培されていたことがわかります。それから後の記録では、イギリスには一六世紀、アメリカには一七世紀に入り始めて栽培されたようで、普及の足取りが大変ゆるやかであった野菜と言えましょう。

わが国へは南蛮船により二〇〇年前に一度渡来したといわれています。しかし、臭いが強いためか全く広まらず、明治になってから政府の勧業寮、北海道開拓使の事業や別の経路により、アメリ

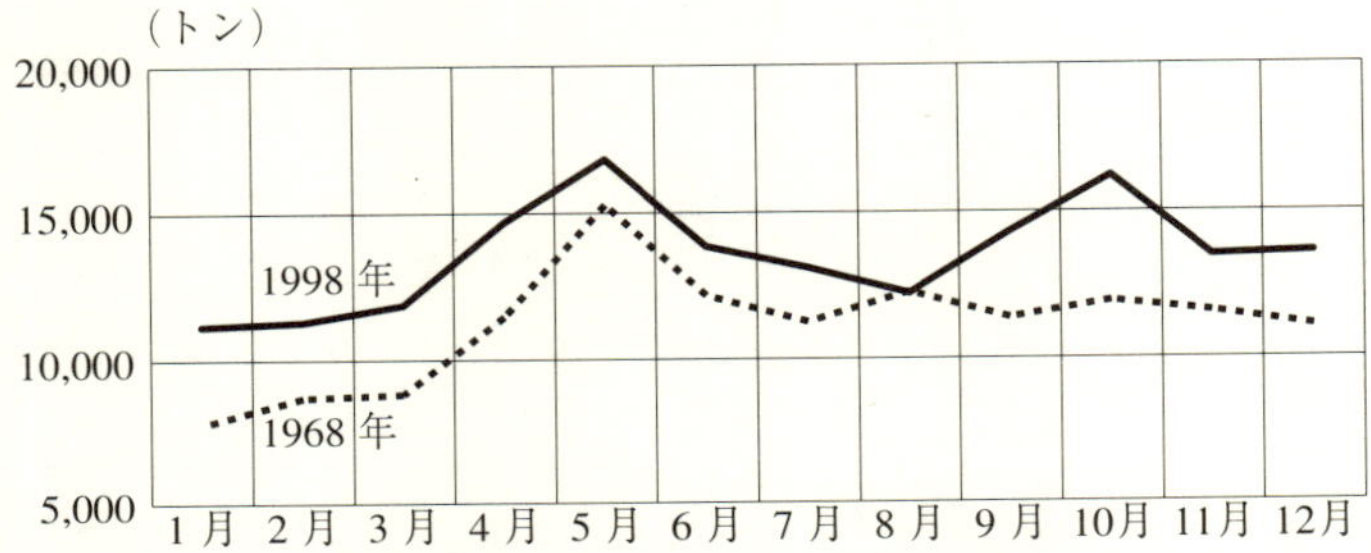

図34　東京市場月別入荷量（**タマネギ**）(30年前との比較)

カ、イギリス、フランスから十数品種が導入されました。栽培についても各地で研究が行われ、明治一〇年代の後半になって、北海道で「イエロー・グローブ・ダンバース」の春播栽培がはじまり、大阪、兵庫の淡路、和歌山、愛知などで主に「グローブ・ダンバーズ」による栽培や採種が、先人達の努力によって成功し、徐々に国内に定着していきました。はじめは、ラッキョウのお化けのようで、臭味も強く一般には受け入れられず、販売にも苦労したようですが、間もなく用途や貯蔵性がよいことも判り、エピソードとしては、コレラが蔓延した当時、タマネギがそれに効くということで需要が伸びたといういきさつもあったと伝えられています。

導入後、品種改良が活発に行われ、のちにわが国の代表的な品種となる「札幌黄」、「泉州黄」、「貝塚早生」、「今井早生」、「淡路甲高」、「愛知早生」などが育成されました。

昭和三〇年代半ばまでは、これらの全盛期で、新タマネギのシーズン入りは、東京市場では三月中旬からの「愛知白」の切り玉(収穫してすぐに葉と根を切り落とした新鮮なタマネギ）に始まり、ついで四月上旬からの葉玉（「貝塚早生」などで、球が肥大する途中の若いものを収穫し、濃い緑の葉と白い根を付け束ねたもの、新鮮な葉も食べる）、時を重ねるようにして切り玉（球が十分肥大した頃収穫し、葉と根を切り除いた新鮮なタマネギ）の、偏平な早生種、腰が高く球形に近い中生種へと続き、夏に入ると平坦地の各産地の吊し貯蔵ものや、その頃から北海道の新タマネギ、そして貯蔵タマネギへと移っていっていました。

昭和四〇年代に入ったころから次第に白玉や葉玉の人気が失せ、店頭にあまり見られなくなってきました。品種にF1が増え、従来偏平でないと早生でなかったものが、球形で肥大の早い優良品種が育成されてきました。ですから、品種は数多くなりましたが、形は球形がほとんどを占めるようになり、タナネギは丸いものという印象がもたれるようになってきました。

辛タマネギと甘タマネギの、性質と利用法の違い

タマネギには、特有の辛味《からみ》と強い催涙性《さいるいせい》があります。プロピルデサルハイド類という成分によるこの辛味は品質によってずいぶん違い、その多少によって辛タマネギと甘タマネギに大別されます。

普通一般に用いられているのは、ほとんど辛タマネギですが、わが国でも、スペイン系の「アーリーグラノ」という品種から改良された「黄魁《きさきがけ》」や、アメリカの赤色系品種から改良された「湘南《しょうなん》レッド」などは、甘タマネギのなかまにはいる品種です。

とりわけ「湘南レッド」は、生食専用品種として育成されたもので、水分に富んで歯ぎれよく、生で食べるのに適した性質をもっています。外観も紫紅色で、料理に色どりを添えるのにも適しています。

辛味成分は熱を加えると分解してしまうので、煮て食べるには、肉のしまりのよい辛タマネギのほうが適しています。

タマネギは、北海道では春まき初秋どりですが、本州では通常九月に種をまき、翌年六月に収穫するという、野菜ではもっとも栽培期間が長いものです。そのため早生というのは栽培者にとって後期（四月〜五月）に発生する大敵べと病を回避できるなど、大きなメリットがあるのです。また、野菜としては長く貯蔵が効く特徴がありますが、球形で首が細いものほど一層長くもつので、球形が望ましいのです。そして各種病害の抵抗性も望まれ、そのような方向で品種改良が進められました。

そういう中で変っていたのは昭和三六（一九六一）年に発表された赤紫色の生食用品種「湘南レッド」の出現です。タマネギには辛味種（ストロングオニオン）と甘味種（マイルドオニオン）があり、ほとんどの品種は辛い方ですが、数少ない甘味種の中から選抜し、色良く育てやすく改良し、歯切れ良く彩りもよい生食専用の品種に育て上げたのです。これは神奈川県園芸試験場において私が行った仕事ですが、その後類似の品種がお目見えし、店頭の一隅に並べられるようになり、色は紫紅色《しこう》でも辛い品種や輸入ものが加わったりして今日に至っております。季節的に限られた出廻りですが、「湘南レッド」の生食専用にかなう味のものはありません。

タマネギの生産量は北海道が六割を占め、それに先進産地の兵庫、愛知が続きますが、最近、水田の転換作物として振興してきた佐賀が加わり、抜きん出でようとしています。

栽培に当たっては育苗と植え付けの労力が問題で、その省力化・機械化が図られています。特に北海道の大規模栽培では、近年、セル成型苗と全自動移植機の実用化とその普及が急速に進み、投下労力はほぼ半減しました。

貯蔵庫の整備も進み、長期に供給できるようになりましたが、年による作柄の良否はかなりあり、冬季に入って品不足が生じることがありました。それを埋めるのに早くから輸入が行われており、昭和五〇年頃までは輸入野菜といえばすでにタマネギが代表になっていましたが、その後次第にその量を増し、特に平成六年頃からは、円高も加勢して多量安定輸入の時代に入った感がでてきました。輸入国はアメリカが最大ですが、ニュージーランド、さらにタイ、チリなど新しい国も目立つようになってきました。価格が少し安いことや安定して供給されるために、業務用の需要をまかないやすいのが増える主因のようですが、店頭にも輸入のジャンボ球がよく見かけられるようになってきたのは、家庭でも利用が増えてきたことを物語っているとみてよいでしょう。日本のかつての代表的な品種と比較すると、その食味

生食専門用タマネギとして人気のある湘南レッド

の違いははっきりしていますが、国産の人気を取り戻すには、安定供給と品質をPRしての差別化販売が必要なことが痛感されます。食味がまずくなるということは、知らず知らずのうちに食べる量が減ってしまい、消費の減退を招くことになるので、味の問題にも十分注意を払っていく必要があります。

一六　アスパラガス

わが国に伝わったのは一八世紀後半とされますが、当時のものは観賞用であり、食用のものは明治の中頃になって導入されましたが、すぐには広まらず、実際に栽培された始めたのは大正末期になってからのことです。したがって、今日の主要野菜のなかでは普及が一番遅い部類に属する種類といってよいでしょう

アスパラガスには専ら缶詰になるホワイトアスパラガスと、通常青果として流通しているグリーンアスパラガスがあります。この両者は見掛けの色や形と使い道は大変違うのですが、それは単に根株から萌芽する芽を、土寄せして土中にあるときに収穫するのか、それとも地上に出てからするのかの違いだけで、作物や栽培方法の基本には変わりありません。

食品として最初にお目見えしたのは輸入缶詰のホワイトの方で、高級品扱いされていました。昭

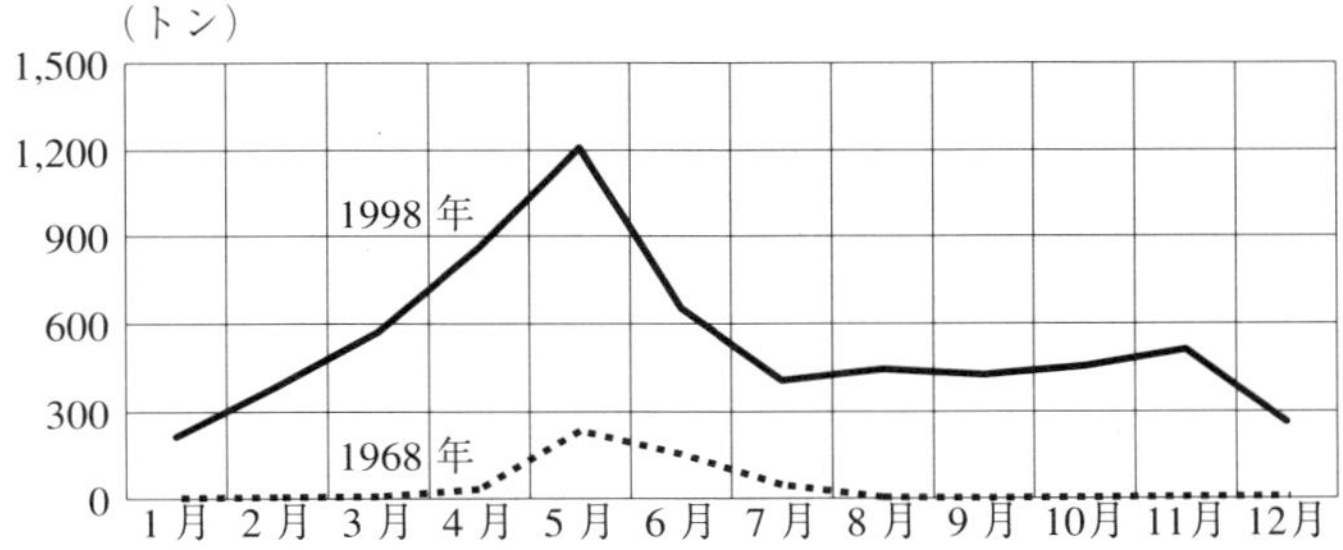

図35　東京市場月別入荷量(**アスパラガス**)(30年前との比較)

和に入ってから、北海道を中心に、東北などの寒冷地で栽培されるようになり、国内産の缶詰ホワイトアスパラガスが出回るようになりました。第二次大戦中は全く途絶えたものの、戦後、寒冷地の有利作として有望視され、再び伸びますが、輸入ものに押され、昭和四〇年代はじめをピークに減少し始めました。

その頃から今日主流になっているグリーンアスパラガスが、独特な香り・甘味・歯切れのよさにより、和洋中華いずれにも向き調理が容易なことと、健康志向の高まりと緑黄色野菜としての特色が評価されたために、人気が出てきました。生産面からも、ホワイトは地中にあるものを見当を付けて掘り取らねばならない上に、収穫の適期が極めて限られているという困難さがありましたが、グリーンは地上に出てから刈り取ればよいので、収穫が大変楽になるというメリットが評価されました。

昔、ホワイトだけであったアスパラガス栽培は、この昭和四〇年代に入る頃からすっかりグリーンに塗り替えられてしまいました。そして需要増が見込まれるにつれて、北海道、長野、福島、秋田などの産地からの供給が増えてきました。それとともに、このような傾向を見越しての輸入業者の動きも活発になり、本場のアメリカからの輸入が増えたのはもちろんのこと、その他ニュージーランドやオーストラリアに産地を開拓して生産時期を広げ、輸入量を増やして、周年的な供給が図られるようになり、これがまた需要を増し、供給を増やすという構図を作り上げてきました。

輸入は特に平成四（一九九二）年以降の伸びが大きく、数年で二倍以上に伸びるほどの成長率を示し、平成六（一九九四）年には、国内で流通する量の四四％が輸入ものになるほどに増大してきています。輸入先はオーストラリア、フィリピン、アメリカ、メキシコが多く、かなりの差はありますが、タイ、ニュージーランドがこれに次いでいます。

時期的には五〜八月は国内産主体、九〜四月は外国産と、大きくは住み分けできていますが、輸入量が増えるにつれて次第に時期的に競合する傾向も現れてきており、今後に問題が生じると思われます。

国内生産の方も近年かなりの変化が見られてきました。それは、アスパラガスは冷涼な気候を好み、永年性の粗放作物（一度植えておけば一三〜一四年そのままで続けて栽培できる）のため、主に寒冷地に普及していたものが、連作年数が長くなるにつれて茎枯病などが発生し、また、収穫労力の不足もあって従来の産地での生産が減少してきたことです。面積当たりの収量が少ないことから、輸入品の価格に太刀打ちできないことも原因にあります。

一方、元来、病害の恐れや高温のために適地でないとされていた西南暖地の香川、長崎、佐賀、愛媛などで、雨よけハウスによる長期収穫作型、新しい品種の導入などにより、従来の数倍以上の収量を上げられるようになり、高齢者の参入を得たりして、新しい産地づくりが進んできました。これらのことから全体としての生産量の減少には歯止めが掛かってきたのは喜ばしいことです。

品種については、野菜の中では最も少ない方で、長らく「パルメット」、「メリーワシントン」、その改良種の「カリフォルニア５００」、続いて「瑞洋」が栽培されていましたが、近年は全国的にF1の「ウェルカム」が、強健で病害にも比較的強く、作型適応性もあり、色や太さもよいことから圧倒的に多くなりました。その他「グリーンタワー」、「バイトル」などの数品種が見られますが、ほとんどはアメリカで育成されたものです。

なお、アスパラガスは雌雄異株で、雄株《おかぶ》の方が太く優れていますが、それは開花してからでないと判別できず、全雄株にする手法の開発が望まれますが、現在のところ苗の育成コストが高く、どこでも使える実用性のある技術は確立されておらず、それは今後の課題となっています。

アスパラガスは育ち盛りで収穫されるため、穂先の若芽の部分が萎れやすく、流通中の品質劣化が非常に起こりやすい野菜の一つです。穂先が軟化したりカビが発生したり、元の方の切り口が乾き、硬くなったりしやすいのです。そのために品質保持が極めて重要となり、早くから収穫したらすぐに二℃前後に品温を下げる産地予冷や低温輸送、あるいは低酸素状態にならないような包装資材の選択などが行われ、売り場に並んでいる品の鮮度は大変よくなってきています。他のいくつかの野菜と同じく、横に寝かせておくと、若い芽先は立ち上がろうとし、曲ってくる性質がおう盛ですが、そのエネルギーが呼吸によって供給されることにより各種の成分が使われ、その分、味や栄養価が低下することが解明されてきました。そのためできるだけ立てて予冷し、立てて輸送されるわけですが、売り場で立てることに配慮されていない場合があるのは片手落ちといわざるを得ません。

本書を読まれた方は、立ててあるものを買うように、そして自家の冷蔵庫でも、当然のことながら立てておくよう心掛け、鮮度のよい、美味しいアスパラガスで食膳を賑わすようにしましょう。

一七 ミツバ

ミツバは古来山野に自生していたもので、数少ない日本原産の野菜であり、一七世紀にはすでに栽培が行われていたとされています。そのため、本書に取り上げた他の野菜の「昔」より、ずっと遡って、大昔のことをにも触れなければなりません。

ミツバは現在出回っている形態として、青ミツバ（糸ミツバ）、切ミツバ、根ミツバの三タイプがあります。大昔は自然に落ちた種子から発芽し、生育したものをそのまま刈り取って利用したでありましょうから、今でいう青ミツバだけであったと考えられます。今の青ミツバというのは畑に種子をまいてそのまま育てた、緑の濃いミツバです。これとは別に、畑で大きく育てた根株を、秋

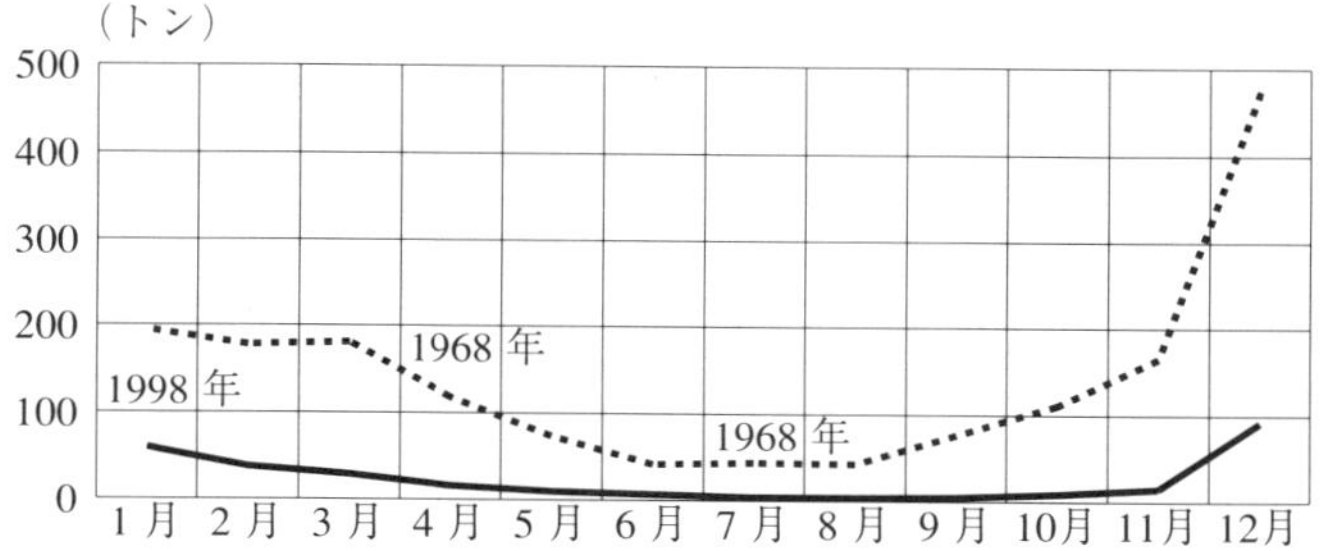

※「ミツバ」は1968年のデータと合わせるため、切りミツバのデータとする。

図36　東京市場月別入荷量（**ミツバ**）（30年前との比較）

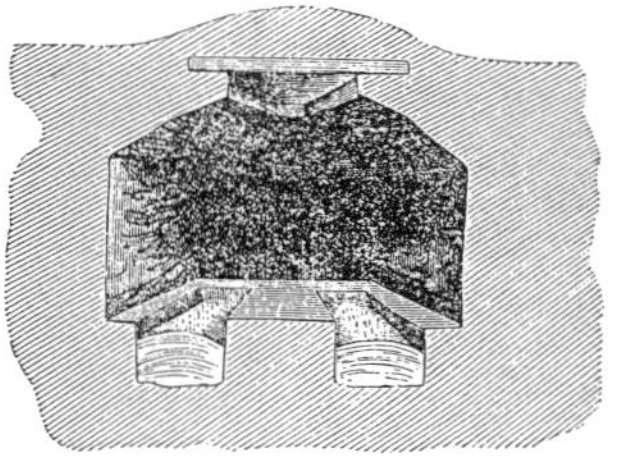

図38　軟化室内に設けられた軟化床
（福羽，明治農書全集；農文協刊）

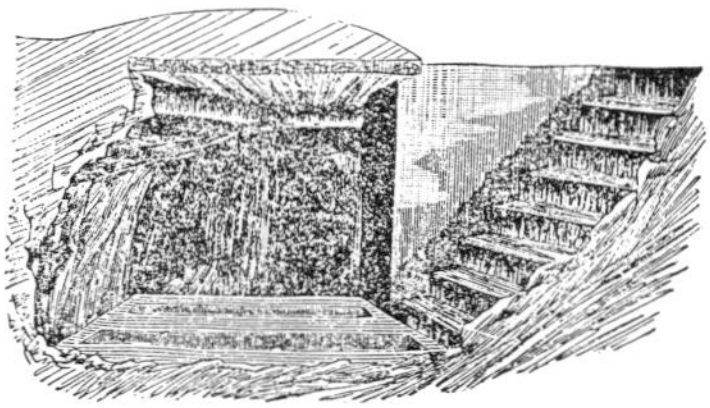

図37　地下に設けられた軟化室
（福羽，明治農書全集；農文協刊）

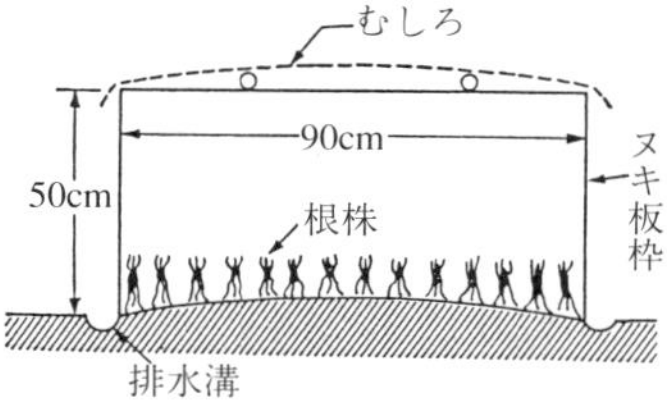

図40　高温時のミツバの軟化床
（岡部）

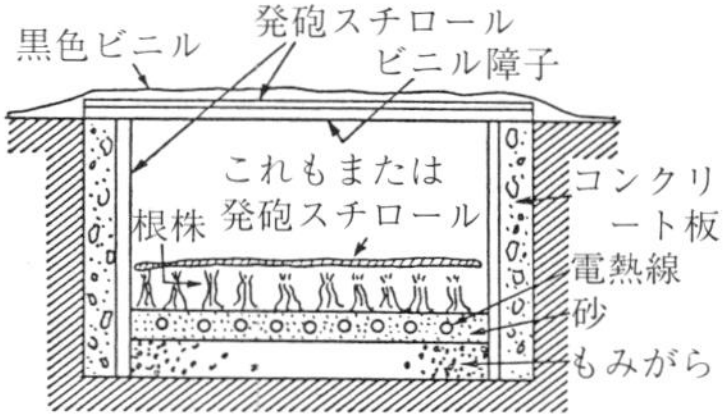

図39　電熱利用のミツバの軟化床
（岡部）

になって掘り上げ、これを軟化床に持ち込み軟化して利用することが、すでに一八世紀初頭の享保年間（一七一六—一七三六）に、東京都の葛飾区水元町で行われていたと伝えられています。これが光を遮り軟白して茎と葉柄を白く長く綺麗に仕上げた切ミツバです。もう一つの根ミツバというのは、春に、畑に列状に種まきして育てた根株を、冬枯れの状態で越冬させ、根元に土寄せして、春になって伸びてきたら根を付けたまま堀取り収穫するもので、根元近くが七～一〇cmぐらい白く、たくましく育った姿をしています。

日本古来の野菜であるだけに早くから重要野菜になっていたようで、明治時代中期の図書にもこの三つが詳しく記述され、たくさん作るように勧められています。

昭和三〇年代以前のミツバといえば、このうちの切ミツバが主体を占めていました。千葉県松戸市一帯から茨城県にわたってが著名な産地でした。この辺では春にまかれたミツバが畑全面を覆い、秋になって霜枯れした頃には、大事な地中の根株をできるだけ損なわないように、丁寧に鍬でほりあげ、土を振るって畑の一角に寄せて土をかけ、寒さと乾燥を防ぎながら仮貯蔵しておいたのです。

冬が生産時期であり、この時期がすなわち需要期であったのですから、ここを狙って根株を順次堀取り、畑の一角や屋敷内に設けた軟化床、あるいは地下室や横穴に持ち込んで、計画した販売量に合わせて軟化処理をするのです。良く充実した、揃いのよい根株の養成と、この軟化のときの伏せ込み方・適温管理・灌水管理、そして二回にわたる青かけと呼ばれる陽入れ（一回は一日に一～二時間、三日間）が商品としての善し悪しを決めるのです。そしてその後の難関は、長く二五cm

以上にも伸びた軟白部を切り取り収穫した後の調整・荷づくりです。適温を保ったところ（ぬるま湯につけるなど）で軟白部を指先で柔らかに挟んで、静かに力を掛けて真っ直ぐに伸ばし、長さをきちんと揃えて切断し、出荷箱にきちんと収めるのです。熟練者でないと任せられない仕事でした。

これを一変させたのが、昭和四〇年代半ばに開発された養液栽培による糸ミツバの生産の実用化です。土壌栽培のミツバを養液栽培の一つの礫耕《れきこう》で行う方法については、すでにその数年前から、糸ミツバの本場の関西で一部始められていました。また、愛知県で養液栽培を営んでいた農業青年により考案された、地下部に固形の培地を用いない水耕方式は、極めて単純で綺麗な作業のうえ、省力的で、短い生育日数で生産する実用性の高いシステムとして完成されました。

この養液栽培の実用化の反響は極めて大きく、単年月の間に全国各地の生産者に取り入れられ、現在はミツバの総流通量の七〇%以上がこれらの養液栽培の生産物で占められるようになっています。養液栽培のシェアが作物の種類の中で突出していることからも、その影響の大きさが伺えます。私は、この技術は農業分野で最も革新的なものと思っているほどです。この栽培法によって往時とは全くイメージの違った、新しい感覚の糸ミツバ（青ミツバ）が店頭に並ぶようになり、それまで季節的商品で需要が停滞していた軟白切ミツバに代って消費を伸ばしてきました。

近年、その設備・装置、システム構成は着々と改良が進められており、困難であった生育に伴う株間広げ（スペーシング）作業の自動化、養液温度の制御、ベッド内でのパネル移動、収穫後の調整・包装の機械化などが図られており、大規模な経営も多く見られるようになってきました。一年に一〇回も栽培でき、供給量を伸ばしてきましたが、元来脇役的な野菜ですので、限界もあり、市場での同一商品の競合を避けながらの普及に配慮が必要になってきました。

もちろん、少なくなったとはいえ従来の切ミツバには根強い需要がありますので、それなりの生産は続けられていますし、養液栽培のミツバの味は、往年の青ミツバに較べると明らかに淡白になりましたので、風味が強く、カロテン、鉄分、カルシウムなどの含量も高いなどの理由で、希少になっていた根ミツバも人気が盛り返してきています。根ミツバの効率のよい生産技術についても、もっと力を入れて改善に努めなくてはならないと思われます。なお、根がついたまま市場に出回っているミツバは、上の方を使い終わった残りの根株を、畑やプランターに植えておくと、再生して、もう一度地上部を収穫利用することができます。そのぐらいミツバの根株には力強いエネルギーが蓄えられているのです。

一八　ダイコン

野菜の中では消費量が最も多く、昔から今日に至るまでトップの地位を保ち続けており、極めて重要な野菜といえます。ダイコンの原産地は中央アジアから地中海東岸にかけての地域とされ、古代エジプトではピラミッドを作る人達が食べていた記録があり、わが国へは、中国から渡来し、最

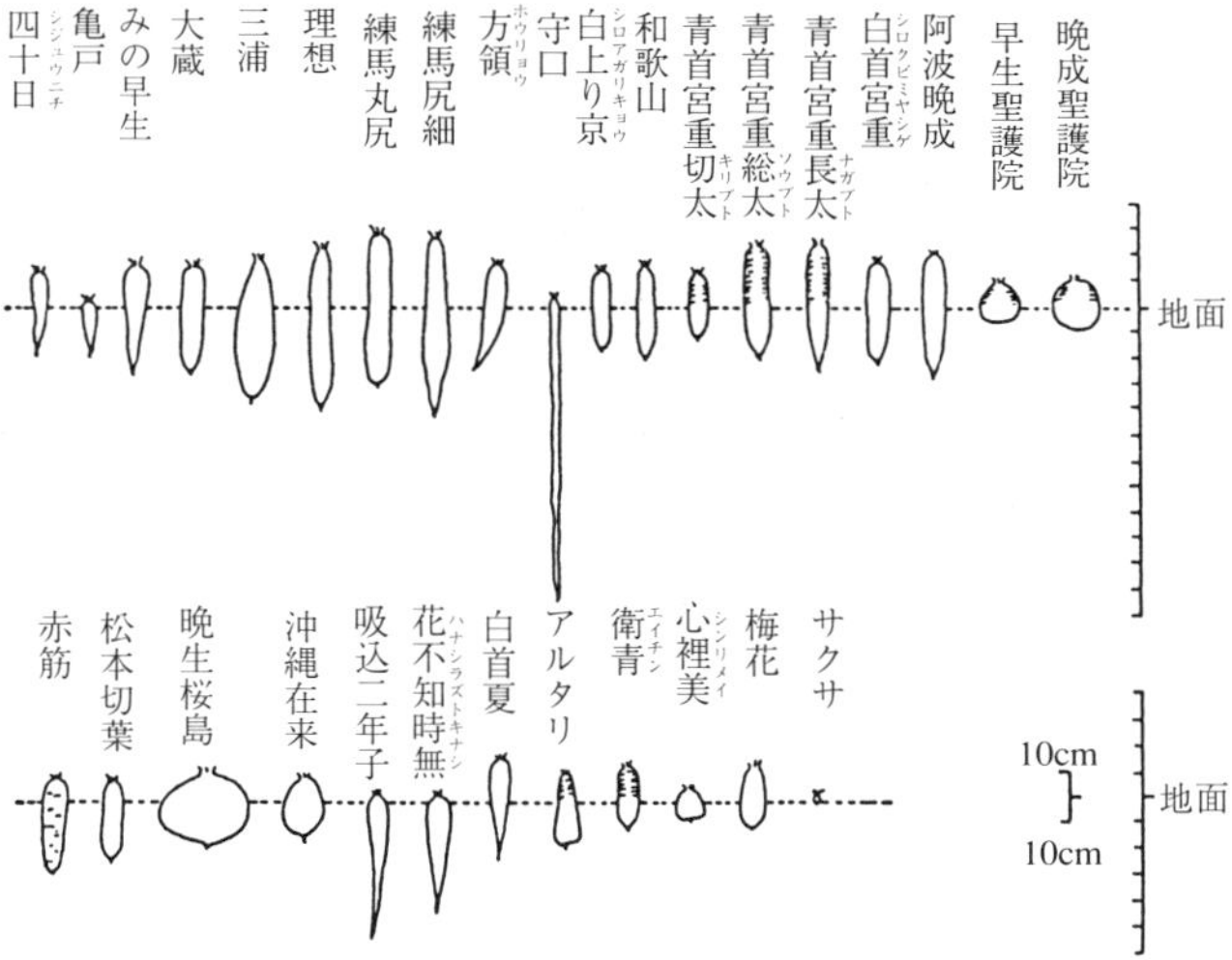

図41　ダイコンの根形，根の大きさ，抽根性の模式図
（芦澤；野菜園芸ハンドブック）

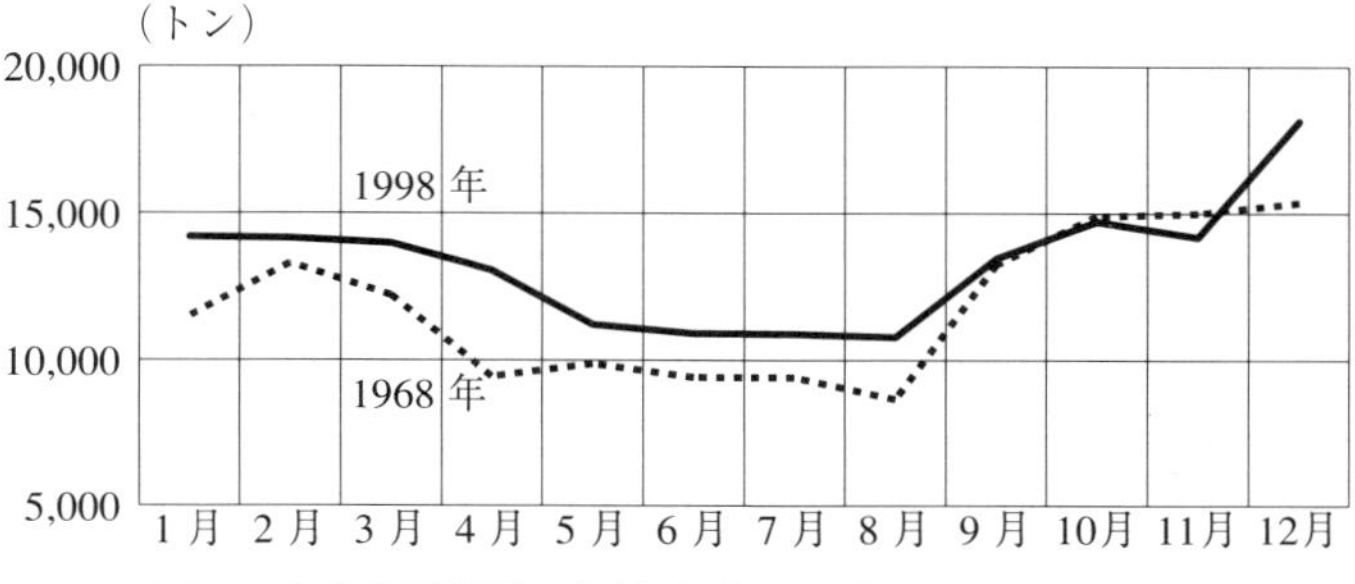

図42　東京市場月別入荷量（**ダイコン**）（30年前との比較）

古の書物古事記に記載されているほどに古い歴史をもつ野菜です。早くから土着し、自生ダイコンになったと思われるものから改良されたり、いろいろな経路で再導入されたり、それらが交雑したりして、全国至るところに多くの品種が生まれてきました。それはおそらく、痩地でも育つ野性的なところがあり、育てやすかったことと、漬物、煮物にと使い道が広く、乾燥加工して保存でき、日本人の食生活によくあったためと思われます。飢饉の時の救荒作物（凶作の時にも生育して収穫できる作物）として、米不足の補完としても大事にされていたことは、ドラマ「おしん」の大根めしからも伺われろところです。

気象、土質が異なる地域に土着し、あるいはそこで選抜・改良されてきたので、根形、地面への首の出具合、葉の形・色、耐暑・耐寒性などの異なる、実に多様な品種が存在していましたが、明治、大正、昭和初期にかけて、特長ある品種に次第に絞られてきました。自家用、地場消費のものは別として、市場流通するものは急速に品種が少なくなってきました。ダイコンは重量物であり、荷造り包装が難しいので、広域流通時代を迎えて扱いやすいものに、特に品種の絞られ方が早かった野菜ということができます。

昭和三〇年頃に八百屋の店頭に並んでいた代表的な品種としては、秋には秋用の「みの早生」、「練馬」、「宮重」、「理想」、「聖護院」、冬には「三浦」、「晩生丸《おくてまる》」、春には「二年子《にねんご》」、「時なし」、夏には夏用の「みの早生」などがありました。自家でも漬物を作ったり煮物をしたりして、ダイコンを沢山消費していた時代です。それからしばらくは消費が漸増しますが、昭和三八（一九六三）年をピークにして消費量は下降し始めました。食生活の洋風化が進み始めたことによりますが、産地が都市化により潰れたり、農家が重量物の扱いを敬遠したりしたことも影響したと思われます。なお、この頃の出回りは九月から二月に多く、四月から七月は月毎の量は半分以下で、季節的変動の大きい野菜でした。

　このようなダイコンの様相に大きな変化が見られたのは、昭和四六（一九七一）年に「耐病総太り」という新しい品種が育成（同四九年発売）され、それが広まり始めてからです。それまで東海・関西方面で広く栽培されていた「宮重《みやしげ》大根（青首大根）」が、栽培時期が広がるにつれ病害や生理障害がふえたので、それに耐える品種を、ということで、大手種苗会社が、病害多発畑で選抜した親と、根がよく肥大する親を用い、四元交配種（F1を両親にした交配種、四つの親系統をもつ）として育成したもので、強健で育てやすく、尻部までよく肥り、早く収穫できる特性があります。それまでの多くの品種に較べると小型で、形がまとまっており、煮物、漬物にして味もよく、栽培者、消費者ともに扱いやすい特長に人気が出て、練馬系、三浦系、時なし系などの産地もこれに代り、その他全国的に栽培されるようになりました。根部が地上に出て緑になるので俗称青首ダイコンと呼ばれて親しまれ、類似の品種も育成されてきて青首の全盛時代を迎えることになりました。なにしろ、それまでの長い根の品種は、腰を低くし、葉を小脇に挟んで、満身の力を込めて抜き取らねばならなかったものが、片手で軽い力で抜けるし、箱詰めができ、しかもそれが短期間で肥り、トンネルやハウス栽培にも適応し易いのですから、栽培者にたちまち歓迎されました。消費者にとっても小型で、買い物籠に入れて容易に持ち帰えれるし、上から下まで太さが一定で調理しやすいメリットがあったのですから、たいへん好かれたわけです。

青首時代になってからも品種改良は活発に進められております。現在は「耐病総太り」の他に「おしん」、「おせん」、「べっぴん」、「くらま」、「てんぐ」、「天宝《てんぽう》」、「天舞《てんぶ》」、「天翠《てんすい》」、「青さかり」などの品種が普及しています。作型が増え、出回りの周年化も進んできました。

もちろん青首のほかに「みの早生」、「亀戸《かめいど》」、「理想」、「三浦」など昔懐かしい品種も一部で大事に保存、栽培されており、また、他には代ることのできない特長ある細くて世界最長といわれる「守口大根」や、世界最大といわれる大型丸大根の「桜島」は、地方品種として生産販売されております。また、別の用途として、そばやうどんの辛味などに用いる辛味ダイコン（「戸隠《とがくし》」、「ねずみ」、「親田」など数多い）は、地方によってはなくてはならないものとして、大切に作られ続けており、最近そのファン層も相当広まってきたようです。

小型でかわいいラデッシュは、ヨーロッパ系のダイコンで、明治年代の渡来以降、生育が早いところから、二十日ダイコンと呼ばれて定着してきました。根部の表面が鮮紅色で、球形なのが一般的ですが、近年再輸入され、色は白、紫、黄色や、形も紡錘《ぼうすい》形や枕《まくら》形など多彩となり、用途も、飾り切りしてサラダや付け合わせに、薄切りして塩揉みに、甘酢漬けや丸かじりにと広がり、人気を高めてきています。

この他に特色あるものとして中国ダイコンがあります。青首ダイコンが重さ二〜二・五kgであるのに対して、この方は一kg内外の中型ですが、輪切りにすると白地に紅色の入る「紅心《こうしん》」（生食、甘酢漬けなどに）、青皮・緑肉の「江都青長《こうとあおなが》」（おろし、塩もみなどに。す入り遅く貯蔵性に富む）紅色の外皮に中が白い「紅丸《べにまる》・紅長《べになが》」（肉質きめ細かく、火の通り早く、煮物、おろしに）など、日本のダイコンにない特色がかわれ、国交が盛んになるにしたがって伸びてきました。ダイコンもまた、多様なものに変わり始めてきたと見ることができます。

一九　ニンジン

ニンジンも店頭で見られる姿が、昔と今では大きく変った野菜の一つです。昭和三〇年代以前には、「大長ニンジン」、「長ニンジン」、「五寸ニンジン」、「三寸ニンジン」、それに「金時ニンジン」等々、多彩な品種がありましたが、今日では、主産地においては大長、長、三寸は全くといってよいほど姿を消し、五寸系の品種が主体になり、関西の一部に特色のある金時系が残るぐらいになってしまいました。

ニンジンの原産地はアフガニスタン北部であり、それから西に広まりヨーロッパ型に、シルクロードを経て東に伝わったものが東洋型になったとされていますが、わが国には一七世紀に入ってからの江戸時代初期に、中国から東洋型が渡来して、各地に広がり、その後に残る「大長ニンジン」や

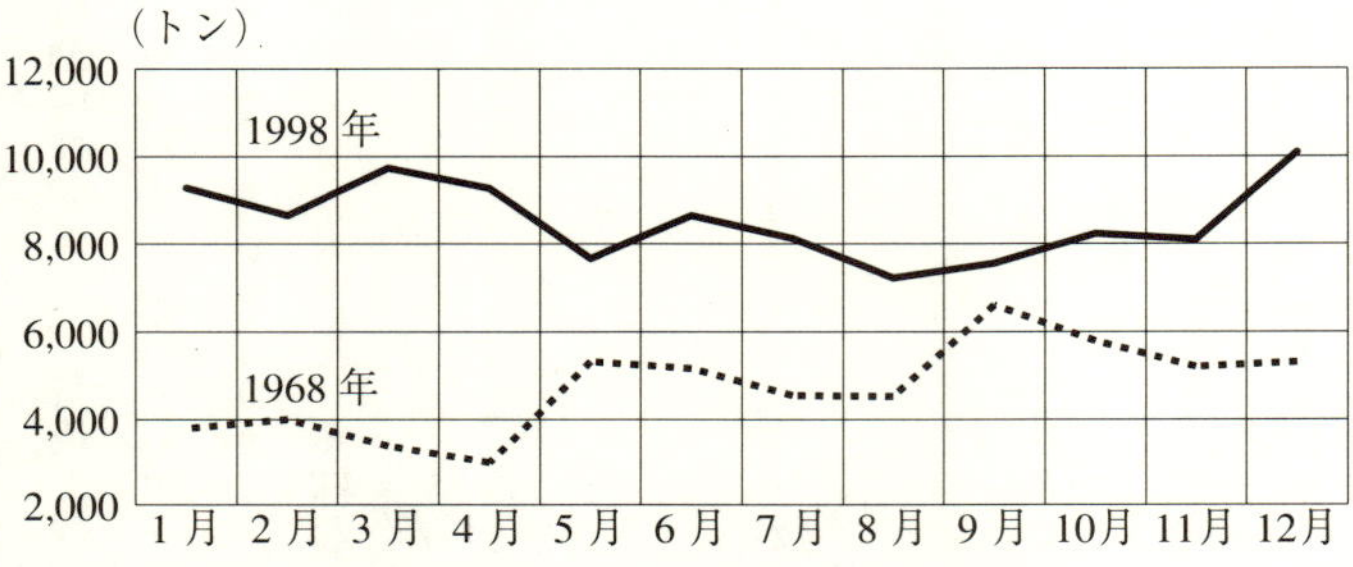

図43　東京市場月別入荷量（**ニンジン**）（30年前との比較）

「金時ニンジン」となりました。また、江戸時代後期以降なってヨーロッパ型が渡来し、特に明治時代に入りヨーロッパ型を主に活発な導入、品種改良が行われて、「長ニンジン」、「三寸ニンジン」、「五寸ニンジン」の品種がたくさん生まれてきました。

東洋系の大長種で有名であった「滝野川ニンジン」は、七代将軍徳川吉宗が全国から集めた野菜の中にあったといわれ、根長一mにも達するほどの改良種が、昭和三〇年代までの品評会を賑わしたものでしたが、その後もう少し短く六〇～七〇cmぐらいで栽培しやすいヨーロッパ型の改良種「国分《こくぶ》大長《おおなが》」などに変ってきました。しかしいずれも昭和四〇年代に入って、経済栽培は見られなくなってしまいました。東洋型で唯一、今なお健在なのは「金《きん》時《とき》ニンジン」で、紅色で中までよく着色し、柔らかくて甘味が強く、臭みが少なく京料理を初めとする和風料理の食材として依然高い人気を保っています。

ヨーロッパ型のうちの「三寸ニンジン」も、改良された優秀な多くの品種（「馬込」、「子安」、「横浜」、「砂村MS」など）があり、一時はこれらが全盛を極めましたが、昭和四〇年代でほとんどなくなり、それに変って根の長さが一五〜一八cmぐらいで、先まで肉付のよく、育てやすくて収量も多い「五寸ニンジン」、その一代雑種（F1）が主流を占めてきました。

現在、全国的に、各作型ともに圧倒的に多く取り入れられている品種は「向陽《こうよう》二号」となりました。育成は昭和五八（一九八三）年ですが、早肥りで品質が優れ、春・夏ともに栽培でき、品質・色艶ともによいという優れものが普及した原因と思われ、野菜の中でも群を抜いた普及率を誇るものの一つに数えてよいでしょう。それに次いで夏まきには「黒田《くろだ》五寸」が相当普及していますし、寒冷地の春まきには「金港五寸・四寸」など、地域によっては特長ある品種が導入されています。また黄色の品種（沖縄の「島ニンジン」）や、生食用によく家庭栽培向きのベビーキャロットなど、特殊な品種も一部に作られています。

東京生まれの野菜（品種）

都市近郊は早くから野菜の営利栽培が行われていますが、とくに江戸は全国からすぐれた野菜とそれをつくる人が集まりましたので、野菜の改良が早くから行われ、沢山の名品種が生まれました。

代表的なものを上げると次のとおりです。

キュウリ　「高井戸」、「馬込半白」
シロウリ　「東京早生」
カボチャ　「居留木橋」
ナガイモ　「江戸薯《いも》」
ショウガ　「谷中《やなか》」
ダイコン　「練馬」、「亀戸」、「二年子」
カ　ブ　「金町小カブ」、「東京長」
ニンジン　「砂村三寸」、「滝野川」
ゴボウ　「滝野川」、「中の宮」
キャベツ　「中野早春《そうしゅん》」
ハクサイ　「四ツ谷山東」、「西新井山東」、「べカナ」
ツケナ類　「コマツナ」
ネ　ギ　「千住黒柄」、「砂村」、「金長《きんちょう》」

ニンジンはカロテン、特に人体内に入ってビタミンAとして効力を発揮する力の強いβ−カロテンの含量が多いので、緑黄色野菜の代表として重要なものです。食品の栄養的、機能的な価値が重要視されるにつれて、健康野菜として人気が高まり、需要は大変に伸びてきましたが、それにつれて海外からの輸入が増加してきています。この輸入の動きを生鮮物で見ますと、平成元（一九八九）年までは一千トン台のわずかな量でしたが、平成三（一九九一）年には一万トンを超え、天候不順で国内産が不足し、価格が高騰した平成六、七（一九九四、一九九五）年には五万五〇〇〇トンまでに達しました。その後一〜二年は半減しましたが、平成一〇（一九九八）年からは再び五〜六万トンに増えてきています。この他にジュースとしての輸入があり、これを生鮮に換算すると国内流通量の一五％が輸入ものとなる増勢です。輸入先は平成九（一九九七）年までは台湾が主でしたが、平成一〇（一九九八）年からは中国が大半を占めるようになり、次いでニュージーランド、台湾、オーストラリア、アメリカ、韓国の順になっています。品種はもちろん、みな日本と同じ「五寸ニンジン」なのです。

このように輸入ものが増えてきたことは、わずか最近一〇年のことです。昔と今の大きな変化は、品種とともに産地が海外に移りつつあるということです。健康の元である重要野菜は少なくも自国で生産する力の回復が望まれるところであります。

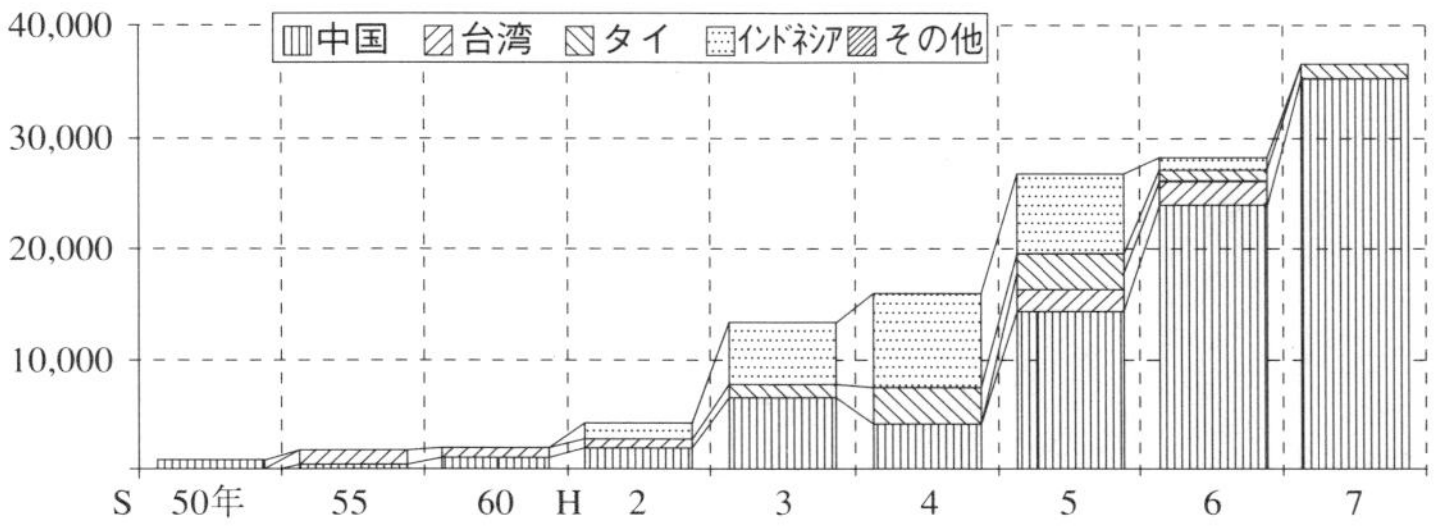

図44　生鮮ショウガの国別輸入状況
（野菜産地再編強化指針）

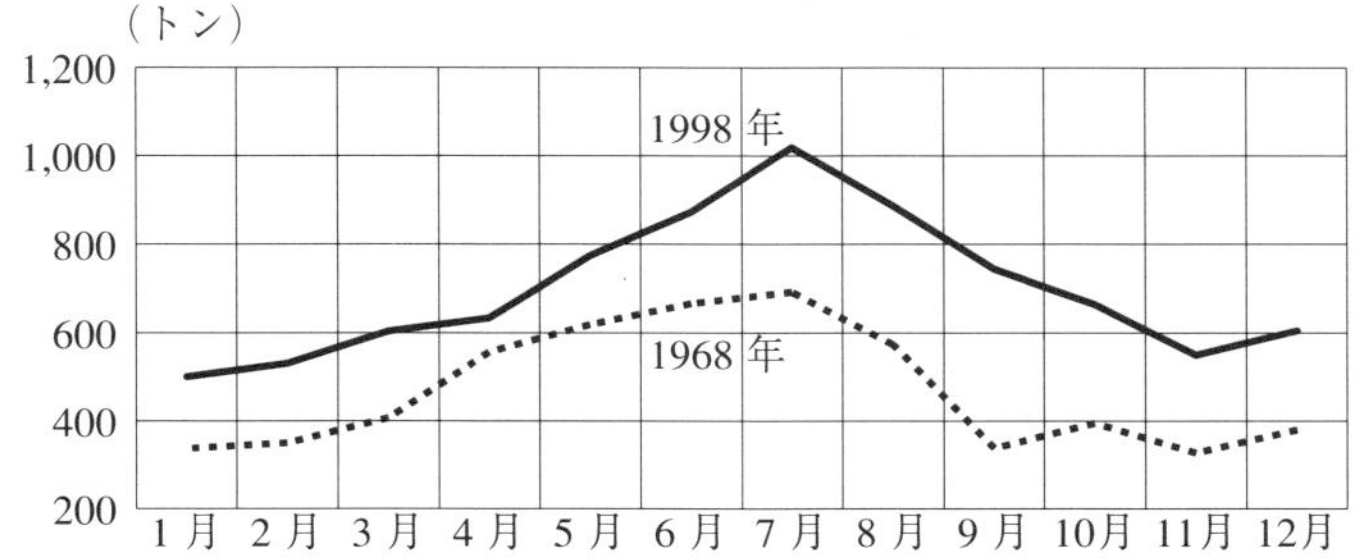

図45　東京市場月別入荷量（**ショウガ**）（30年前との比較）

二〇　ショウガ

ショウガはインドを中心とした熱帯アジア地方の原産とされますが、その香りと辛味成分に薬理作用や殺菌作用があり、独特な風味が料理素材としての使い道が広いことなどから、世界中の人々の生活の中に早くから溶け込んできていたようです。わが国への渡来も三世紀以前とされ、野菜の中でも最も古い部類に属しています。

　根のように見える塊茎は貯蔵性があり、一年中長期にわたり利用できることも、重用されてきた所以でしょう。

種子が採れないので、繁殖は専ら塊茎を用いて行う栄養繁殖性の野菜です。しかもその能率が極めて低い野菜なので、歴史が古いのに似合わず品種の数は僅かしかなく、品種改良も行われず、昔も今も品種はほとんど変わりがないという希有な野菜です。

古くからある品種には小ショウガの「茅根《かやね》」、「谷中《やなか》」、「金時」、中ショウガの「三州《さんしゅう》」、「らくだ」などがありますが、これに明治時代になって新たに導入された大ショウガの「印度」、「おたふく」などがある程度です。これらには地方によって別名が幾つかつけられたものもあるので、呼び名はさらに多くなっていますが大部分は、同種異名と考えてよいでしょう。

店頭で見かけるショウガには地下部だけの根ショウガや大ショウガ、葉のついた矢ショウガ（筆ショウガともいう）や谷中ショウガ（葉ショウガともいう）がありますが、根だけのものにもう一つ、古根（ふるね、ひね）があります。

ショウガは通常春に種ショウガを畑に植え付けて秋に収穫しますが、これが根ショウガで、とりたてのものは特に新ショウガと呼んでいます。その後は貯蔵して長い間出荷し続けます。この貯蔵した根をとりだして温度を高くした床に密に伏せ込み、十分な水分を与え、陽を遮って軟弱に育てたもの（軟化促成栽培）を矢ショウガと呼び、同様に根をまとめてフレーム（苗床）または畑に植え込み、新しく出た芽の基部が小指大に太ったときに収穫し、葉を付けたまま出荷するのが谷中ショウガです。そしてこれら矢・谷中の元となった種ショウガはまだしっかりしているので、これを集めて出荷したのがあのおろしにして使う古根・ひねショウガなのです。

ちなみに、谷中ショウガというのは、東京で谷中本村と呼ばれていた日暮里周辺（現在の東京都荒川区日暮里二丁目、五丁目）が、水に恵まれ、排水もよく、西の台地によって西陽が妨げられ、風も少ないことから、スジが少なく味のよいショウガの大産地であったところから名づけられたとのことです。

当時は商人や職人、当地に多くあった寺院が贈答品に利用し、地域の特産品として知られていたと伝えられます。もちろん現在はこの地域には栽培は全く残ってはいなく、産地は埼玉、千葉方面に移動してしまいました。

以上のような栽培方法や産物は明治の中程に書かれた出版物に記載されているので、それに用いる資材を除いては、昔も今もほとんど変わりがなかったものと見てよいでしょう。

生産量から見ると、これらの小・中ショウガを用いた栽培は、昭和五〇年代をピークとして次第に減少の傾向をたどってきました。

それらに代って伸びてきたのが輸入の大ショウガです。昭和五〇（一九七五）年時点における生鮮品の輸入量は年間千トン台でしたが、その後国内産を補完する形で、平年でも二千トン内外、不作の年には七千トン内外が、台湾やインドネシア、中国などの東南アジアから輸入されるようになってきました。近年はそれがおよそ三万数千トンに増えています。輸入ものの単価は当初の二分の一以下になったのですが、それでも量的には増加しているのです。

この他にこれとほぼ同量の塩蔵品が輸入されています。現在では大ショウガの国内消費量の三分の二は輸入品に頼っていることになります。

これに押されて高知を主に、千葉、熊本などの国内産地の根ショウガの作付け面積は、実に四分の一に減少してしまったのです。輸入の痛手を一番大きく受けている野菜といってよいでしょう。産地の元気はすっかり失せてしまいました。

そうはいっても「谷中ショウガ」や「矢ショウガ」、「新ショウガ」など、新鮮なものへの人気には根強いものがあります。特に前二者は収穫した後の根も「ひねショウガ」として販売できるので、明治の昔から野菜の中では面積あたりの売り上げは一番大きく、収益性が高いとされてきました。これは現在でも変っていないといってよいでしょう。その代り種ショウガへの資本投下が極めて大きいので、大規模に生産する人は減ってきたのは残念なことです。

ツルムラサキというのに葉は緑

ツルムラサキは、はじめ観賞用として導入され紫色系が広まったので、この名がついたのですが、野菜用としては、緑色系のほうが品質がよく、このほうが比較的なじみ深くなったので、名と体が合わなくなっているのです。野菜としてはビタミン、カルシウム、鉄分などが豊富で、夏の健康野菜として人気がでてきています。

紫色系のほうはつるの伸びがよく、放任しておくと二〜三㎝にも伸び、葉は小さく、茎も細く、食用としては品質は劣りますが、葉は紫色で、とくに果実は熟すと濃紫色になり、庭先や鉢植えにすれば観賞価値も十分です。また、果実の赤紫色の汁は食品の色染めに用いられます。

いずれも元気ものですが、買ってきたものの茎の下方を土に播しておけば発根するので、それを苗にして栽培することができます。丸くて極めて固い種子は案外発芽しにくい性質をもっています。

輸入ものが増えてきた今日、日本的な特長ある野菜として是非とも維持したい野菜の一つですが、これに取りかかるにはよい種を見わける力と、伏せ込み床の適切な管理などの技術力が、経営の成否を決定的に支配する特殊なものであることを、よくよく認識しておかねばなりません。

二一　その他の野菜

(一)　従来の野菜

スイカ

スイカは野菜の中で最も強い光と高温を好む種類であり、六〜七月の日照時間が多く(三〇〇時間以上)、降水量が少ない(四〇〇㎜以下)と豊作とされていますが、需要の方もこのような年に多いので、生産・消費ともに非常に天候の影響を受けやすい種類といえます。このことは昔も今も変わりなく、天候のよい年の七〜八月に出回り量が増え、需要量が多くなります。しかし、七月のピーク時の消費は三〇年前に較べると二分の一以下に減少し、その前の四〜六月の量が相当に伸び、秋〜冬にも少量ながら継続的に消費されるように変ってきました。夏の消費の減少は、メロンその他の果実類、ジュース類など嗜好の多様化による競合ですし、他の時期は逆に多様化による多品目への食い込みと見てよいでしょう。生産は夏は熊本、千葉、神奈川、茨城、鳥取など、冬・春期に日照の多い西南暖地で行われます。

果皮・果肉の色、果形、大きさなど様々な地方品種、あるいは種無しスイカ、冷蔵庫に入れやすく核家族用をねらったラグビーボール形など、新規性の品種も種々育成されましたが、現在はしま皮で赤肉系の品種がほとんどを占めています。代表的な品種は「縞王《しまおう》」、「縞王マックス」、「甘泉《かんせん》」、「紅大《こうだい》」などです。近年、東南アジアでよく見られる黒皮スイカも僅かに出回ってきました。小型のスイカについては、メロンとの詰め合わせの贈物用、子供向けや若者・独身用などに一定の需要があって定着してきました。品種は「紅こだま」が最も多く、他に黄肉の品種などが用いられています。

スイカは「光好き」

曇天や雨天つづきで、もっとも悪影響を受ける野菜の筆頭にあげてよいほど光を好むのが、スイカです。光合成《こうごうせい》の速度は、一〇万ルクスの強光になっても増加し、ピーマンやナスが五万ルクスぐらいで最高に達するのに比べると、たいへんに光好きであることがわかります。日照りの年ほどよく実どまりし、糖度の高いおいしいスイカがつくれるわけです。日当たりの悪い場所では蔓が軟弱に伸び、育てにくく、味のよいものを収穫することはむずかしいとみてよいでしょう。したがって、年による出来、不出来が極めて大きい野菜でもあります。

スイカについで光を好むのはメロンやトマトなどです。

逆に野菜で光が弱くても育つのはフキやミツバなどです。樹陰でもよく育つのをみてもそれがわかります。

サヤインゲン

若いうちに莢《さや》ごと食べるサヤインゲンは、江戸時代に帰化僧の隠元禅師によって中国からもたらされたインゲンマメではなく、その後、明治年代にアメリカから渡来した品種から分化したものとされています。

蔓《つる》が伸びる蔓性種《つるせい》と蔓無の矮性種《わいせい》があり、前者はいわゆるドジョウインゲンで、代表的のものに「ケンタッキーワンダー」、「尺五寸」、「衣笠《きぬがさ》」などがあります。後者はいわゆるつるなしいんげんで、代表的なのは「マスターピース」、「金時」などです。

昭和四〇年代までは他の野菜に較べるとあまり品種の変化は見られませんでしたが、五〇年代半ばに至り海外から、矮性《わいせい》の細い丸莢《さや》の品種や、蔓性《つるせい》で幅が広くてひらべったい平莢《さや》の品種、蔓があまり長く伸びない半蔓性のものなどが導入されて、品種名は実に多彩になってきました。カタカナのついた多様な品種が最も多く用いられているのがサヤインゲンといってもよいのではないでしょうか。かつてのものより歯応えがよく、昔のように調理に当たってすじをとる必要のないすじなし（ストリングレス）の品種になりました。

現在市場に出回っている品の九〇％以上はすじなしになったといわれる程に変ってきたのです。

六～八月に大きなピークを形成していた出回り量は、南から北への産地リレーや、ハウス・トンネルなどの作型の導入で、大幅に周年化してきています。

サヤエンドウ

エンドウは古代エジプトのツタンカーメン陵の副葬品の中からでてきたことからも知られているように、古い歴史のある作物です。わが国にも一〇世紀に穀物として伝来したとされていますが、若い実を莢ごと食べるサヤエンドウは江戸時代にヨーロッパから導入され、一般に食べられるようになったのは明治時代に入ってからといわれています。

品種は大別して、莢が小さく、中の子実がほとんど感じられない程の絹莢エンドウ（摑むと莢どうしがすり合って絹ずれの音がすることが名の由来）と、大きく幅広の莢の大莢エンドウがあります。前者には「絹莢」、「赤花」、「白花」とつく多くの品種や、「ウスイ」など多数、後者には「仏国大莢」、「オランダ」などがあり、昔も今も大きくは変っていません。

品種で変ったものといえば、アメリカで育成された莢と大きく膨らんだ子実をともに食べるスナップエンドウ（スナックともいう）が昭和五〇年代になって導入され、一部に定着してきたことです。

近年になって大きく変化したのは輸入ものの増加です。サヤエンドウは早くから冷凍ものが、主として台湾から輸入されていましたが、平成二（一九九〇）年以降は中国の割合が増え、平成八（一九九六）年には九八％と、ほとんどを占めるまでになってきました。最近は生鮮ものが増え、冷凍ものと同量になり、国内流通量三万一〇〇〇トンの三四・一％を輸入ものが占めるようになっています。国内でも鹿児島から北海道まで栽培されており、供給は三～六月を主に周年的に行われますが、輸入は一〇～五月と幅が広くなっており、周年供給を大きく支えています。賃金を主とする生産コストと品質、安全性などがこれからの競争の優劣をきめることになりそうです。

ソラマメ

エンドウと同じく歴史の古いマメであり、乾燥子実として重用されていましたが、わが国へは一七世紀に中国から渡来したと伝えられ、現在の品種の元となったものは明治になってから導入されたといわれています。品種の改良はあまり行われていない野菜で、莢つきがよく子実が二～三粒入る早生種、小粒の子実が四～六粒入る長莢種、大莢で大型の子実が二粒入る大粒種の三タイプがあり、それらは大正・昭和年代を通じて基本的には変らず、早生性、子実の色、強健性、粒入りなどについての選抜系が新品種として命名発表されているといってよいでしょう。

そうした中で特に力を入れているのは大粒種で、近年は大きくて甘く、粒入りのよい、いわゆる一寸そらまめが流通の主流になってきました。「陵西《りょうさい》一寸」、「打越《うちこし》一寸」、「仁徳《にんとく》一寸」などが代表的な品種となっています。これらは主に五～六月の、旬のものですが、千葉、鹿児島、熊本、沖縄などでは、夏に芽だし、あるいはこれに低温処理して花芽分化を促進し、一二～三月に出荷する促成栽培が行われ、前記のほか「ハウス陵西」や、一部には早生品種も用いられています。いずれにしても旬の味をいちばん色濃く残している野菜はソラマメといってよいでしょう。

ハクサイ

ハクサイはダイコン、キャベツ、タマネギについで第四位の収穫高を誇る重要野菜ですが、わが国に初めて導入されたのは明治初年です。世間に注目されるようになったのは明治後期の日清・日露の戦争に従事した農村出身の兵士が、中国の大きくて見事な、食べて美味しいハクサイに感心し、紹介してからといわれますので、野菜としては、極めて新しく、その普及の早さには驚きです。

全国的に早く定着し、品種改良が行われたことから、地名にちなんで「松島」、「野崎」、「加賀」などのグループに結球型の優良品種が生まれ、また、東京付近では半結球型の改良が進み、昭和三〇年代には少なくても外見の大きく異なる数品種が店頭に並んでいました。各家庭では煮物、漬物など用途や好みに応じて買い求めていたものでした。

そのころから品種改良が盛んに進められ、特にキャベツとともに、わが国の卓越した雄性不稔利用に

とうをたべる野菜

最近の野菜は葉菜、果菜、根菜と三つに大別して呼ぶ場合が多いのですが、食べる部位をくわしく分けてみると、花やつぼみや茎であったりするものなどいろいろあります。とうを食べる野菜もその一つで、春先に伸びてくる花茎を摘んで食べるもので、アブラナ科の野菜に多いようです。クギダチナは東北地方の冬越し菜類で、早春に若葉ととうを食べます。ミズカケナは静岡県御殿場《ごてんば》地方で在来のアブラナから変化したもので、礫《れき》質の水田にたねまきし、湧水《わきみず》をかけ流して育て、春先にとう立ちしたところを食べるもので、ねっとりした味は格別です。カラシナのうちで南方系のとう立ちの早い品種も、葉とともにとうを賞味します。

中国にはアブラナ科でとうを専門に食べる野菜も多いようで、最近紅菜苔《ホンツァイタイ》などがわが国でも出回るようになりました。特に専用のものを求めなくても、普通のアブラナもそれに劣らぬ味がする、という声もあります。

よるF1の新品種が次々と育成され、特に結球性、耐病性、早生性などの優れた品種が全国的に普及してきました。

このことにより一〇～一一月が主な出回り期であったハクサイは、産地リレー的に二～三月にもかなり出回るようになってきました。また、かつてはハクサイといえば中は純白がよしとされていましたが、昭和五〇年代から中が黄色実を帯びた、いわゆる黄心型《おうしん》が出現し、今ではこれが主流になってきました。これは店頭で半切りにして売られるようになったことと、有色好みの志向によるものでしょうか。近ごろでは小人数向けの一kg内外（普通品種は三～四kg）のミニハクサイや中国にある超長型のタケノコハクサイ、台湾などにある葉面に毛茸のないサラダむきのヘアレスハクサイなど変化のあるものもわずかながら市販されてきました。

家庭での消費量は、漬物や加熱調理の減少により明らかに減ってきていますが、ハクサイに対する魅力は浅漬けやキムチ、中華料理の味で十分知られているはずです。新しい品種と、易しくて美味しく食べられる調理の仕方を工夫することにより、かつて短年月のうちに生活に溶け込んでくれたこの野菜の、消費量の減少に歯止めをかけることができないでしょうか。作る人、食べる人両方からの知恵の結集が望まれるところです。

ニ　ラ

古来山野に自生し九～一〇世紀頃にはすでに栽培されていたとも伝えられ、主に薬用や強精用として重用されていたようです。昔は、植えておけば年に何回も刈り取り利用できることから、屋敷内などに植えておき、逐次利用されていたものでしたが、昭和四〇年代から緑黄色としての食品機能が重視されるようになり、また、在来種に代わって、品種も葉の幅が広くて厚い、良品質の「グリーンベルト」が主体になり消費はたいへん伸びてきました。現在、主な産地は高知、栃木、群馬、千葉、茨城などですが、いずれも「グリーンベルト」が主となっており、単独品種の占有率の高さでは野菜の中で随一となっております。

近年、とう立ちした花茎を食べる花ニラや、黒ビニールをかけて遮光し、軟化栽培した黄ニラなども加わって、変ったニラの味を楽しむこともできるようになってきました。

なお、ニラの消費の拡大には、ポリエチレン袋に密閉、段ボール箱に立てて詰め、予冷など一連の流通技術の改善による鮮度保持、品質向上が大きくかかわっていることも特筆しておかなくてはなりません。

ニンニク

中央アジアの原産といわれ、わが国には一千年も前に伝来し、強壮・強精の薬用として利用され、やがて調理用として定着してきましたが、昭和三〇年代からの肉食の増加、そして中国料理やフランス料理などのニンニクを欠くことのできない調理法の普及や、健康志向による機能性の評価、殺菌作用などの認識の高まりにつれて需要が急速に伸びてきました。市場への入荷量だけをみても三〇年前の昭和四五（一九七〇）年の約三倍になっており、消費は周年化しています。国内の主な産地は青森、香川、岩手などですが、最も大きく伸びたのは青森です。

昭和四〇年代後半から米の生産調整対策として転作田の栽培に適し、収益性も高かったので、生産が増えたといういきさつもありました。需要が増えるにつれて中国からの輸入が行われるようになり、平成五（一九九三）年には急増し、ついに青森県の生産量に匹敵するほどになり、国内流通量の四三％を占めるに至り、その後も増勢を続けています。品種が違い、国内産は球の中に小片が六片あるのに対して、中国産は一〇～十一片ですから外見から判断できますが、中国ものも栽培技術は向上し、大球になってきました。価格が安いので今後の成り行きが危惧されます。ニンニクの多くは乾燥させて出荷しますが、国産では掘たてのフレッシュなものを青切りニンニクとして売り出しているものもあります。

ニンニクのとう立ちした花茎がニンニクの芽として売り出され、人気が高まっていますが、これも中国から冷凍して輸入されているものです。

ゴボウ

ユーラシア大陸の北部の原産で、わが国には中国を経て、薬用として渡来し、約一千年前から栽培され始めたとされています。これを野菜として利用しはじめたのはいつ頃か定かではありませんが、ゴボウを食用にしているのは世界でも日本だけとされてきました。しかし、わずかながら台湾、韓国の一部でも利用されているといわれ、最近では中国でも日本向けの生産がはじまってから食べられたようですし、ヨーロッパにおいてもサラダに向くということなどで関心が高まってきました。健康志向の折から、植物繊維を多く含み、胃や腸の蠕動運動をたすけ、腸内の有用細菌を増やし悪性の細菌を抑え、ビタミン合成を活発にするなどの効用があることが認識されてのことと思われます。

需要はお正月に多いのですが、他の月も一定量消費されており、一時の停滞を乗り越えて堅調を保っています。これに応える供給の方は、茨城、千葉、北海道、青森、群馬などから行われていますが、これも近年中国、台湾からの輸入が増え、すでに国内流通量の二〇%を超えるようになり、国内産との競合が大きな問題になってきました。

レンコン

中国、インド、エジプトなど原産地には諸説ありますが、わが国には奈良時代に仏教とともに、はじめは観賞用として伝えられ、後に僧侶達により食用の品種が再三導入され、日本の在来種になったとされています。現在も在来種はありますが、食用として栽培されているのは、ほとんどが明治初期に中国から導入された中国種、あるいはそれと類似の備中種です。したがって品種的には、本書でいう昔と今では変っていないのです。

主な産地は茨城、千葉、徳島、岡山などです。出回り時期も年末をピークに九～四月に多く、この傾向は三〇年前も今も大きくは変らず、伝統野菜として根強い需要に支えられていますが、ハウス栽培で六月初旬から出荷するような作型も生まれてきています。栽培方法で大きく変ったのは、一番困難であった堀とり収穫の省力化です。ポンプによりホースから水を強く噴出させて水圧で掘り出したり、大型の機械で土とともに掘り上げたりするのです。生産農家は減少気味ですが、大規模な経営も出現して、元気のある新しいレンコン栽培経営も生まれてきています。一九九〇年代半ばから中国から塩蔵ものが一定量輸入されていますが、その量は横ばいです。

サトイモ

原産地はマレー半島付近の熱帯地方とされ、わが国への渡来は稲作よりも古く、縄文中期（紀元前四千〜五千年）で、当時は主食作物であったと伝えら

レンコンの仲間の長寿命

インド原産とも、アフリカ原産ともいわれるハスがいつ日本に植えられたか謎ですが、ハス博士で有名な大賀一郎氏により、昭和二十七年、千葉県の検見川遺跡の二、〇〇〇年近くも前の古い泥炭層の中から、ハスの実が発見されたことから、その歴史の古さが推定できます。

このハスの実は、博士の手によってみごとに開花して世界中をおどろかせたことは有名ですが、後日、大賀ハスと命名されて各地に配付され、神社の境内の池などに植えられ花を咲かせています。

ハスの実は呼吸作用によって生ずる炭酸ガスの量が、胚の致死量に達しなければ死滅せず、たねが埋まっている土層の温度によって呼吸作用の量も異なることから、地温二〇度Cで四〇〇年、一〇度Cでは二、五〇〇年は生存しうるという研究データもあります。

れているほどに古いものです。長い間にいろいろな形質のものが渡来したと思われますが、生育期間の短かい日本では交雑によって品種ができることはまずなく、栄養繁殖が続けられてきたので、品種は数少なく、わずかに起る芽条変異も品種を超えるほどのものはなかったとされ、大別して子いも・孫いもを食べる子芋用、親いもを食べる親芋用、その両方を食べる親・子兼用の三グループとなります。

代表的な品種としては、子芋用に「土垂《どたれ》」、「石川早生」、「鳥播《ウーハン》」、親芋用に「たけのこいも」、兼用に「唐芋《とうのいも》」、「八つ頭《やつがしら》」、「セレベス」（大吉ともいう）があり、これは昔も今もほとんど変わりありません。

市場に出回るものは「石川早生」、「土垂」が主体ですが、近頃は京野菜の人気につれて「たけのこいも」や、味のよい「八つ頭」なども一時より多くみられるようになってきました。

サトイモも近年、国内産を補完するかたちで輸入が増えてきましたが、特に平成五（一九九三）年の干魃による不作、高騰の年を契機に生鮮、冷凍ものともに倍増し、いまや国内供給量の三五％を超える占有率になってきています。これからどうなるかは国内産地の作柄安定と生産コストの低減、そして消費者に国産のよさを直接知ってもらえるような品質と安全性の高い産物の提供にかかっているものと思われます。

(二)　新顔野菜

ズッキーニ

キュウリに似た果実ですがカボチャの一種のペポ種です。つる無しカボチャとも呼ばれ、節間は極めて短縮され、茎は伸びないので、栽培するのに場所を取らず家庭園芸にも好適です。開花一週間後の幼果を薄切りにし、かるく油で炒め、蒸したりてんぷらに、また、大きくして収穫しバーベキューの材料にしてもおいしいです。

ミニカボチャ

「ブッチーニ」、「ぼっちゃん」などの品種名で最近人気を集めています。西洋カボチャと日本カボチャやペポカボチャを交雑改良したもので、果径は一〇cm内外の小型、開花後四〇日余で収穫できます。ラップに包み二～五分間電子レンジにかけ、そのま

エシャロット、実はラッキョウ

語源はフランス語で、ヨーロッパにあるワケギの一種の呼び名です。昭和三〇年ごろ、東海地方の熱心な農家がラッキョウを特殊な軟白栽培《なんぱくさいばい》にして関西市場に出荷したところ、市場側では、ヨーロッパの「シャロット」に似ているところからこう呼ぶようになったということです。ですから、エシャロットは軟白栽培したラッキョウにほかなりません。近年では、店頭でも多く見られるようになりました。

茎の太いものが商品価値が高いので、ラクダ種がたね球《きゅう》として用いられる場合が多いようです。

なお、本当のシャロットはベルギーエシャロットとして市販されています。

表1　古い時代の新顔野菜（伊東正編そ菜入門による）

時　代	原産地	種　　類
太古〜平安時代	a	フキ・セリ・ウド・ハマボウフウ・タデ・ジュンサイ・アサツキ・ラッキョウ・ニラ・ミョウガ・サンショウ・ワサビ・ヤマイモ・ユリ・ヒシ・マコモ・クコ・ヤブカンゾウ・オニバス
	b	シソ・ネギ・ワケギ・ニンニク・ラッキョウ・ゴボウ・サトイモ・ショウガ・クワイ・クログワイ・ヒユ・ダイコン・ハス・ササゲ・カラシナ・シロウリ・キュウリ・トウガラシ・ユウガオ・ナス・ユリ
	c	アブラナ・チシャ・コエンドロ・ウイキョウ・カブ・エンドウ・マクワウリ・ヒシ
	d	な　し
鎌倉〜桃山時代	a	な　し
	b	ツルムラサキ・ナタマメ
	c	ホウレンソウ・セルリー・ニンジン・ソラマメ・スイカ
	d	カボチャ・トウガン・トウモロコシ・ジャガイモ・サツマイモ
江戸時代	a	ミツバ・ツルナ・ゴボウアザミ
	b	モウソウダケ・ハクサイ・スイゼンジナ・チョロギ・ヘチマ・ツルレイシ・ルバーブ
	c	エンダイブ・コショウソウ・アスパラガス・フダンソウ・キャベツ・オランダガラシ・パセリ・チコリー・アーチチョーク・シュンギク・タマネギ・リーキ・ビート・パースニップ・サルシフィー・キクゴボウ・イチゴ
	d	キクイモ・ラッカセイ・インゲン・トマト
明治時代		品種導入時代

注　a：日本原産種　　b：中国・熱帯アジア・中央アジア・シベリア原産種
　c：欧州・地中海沿岸・アフリカ・西南アジア原産種　　d：新大陸原産種

（熊澤三郎「蔬菜《そさい》園芸総論」1960年によって作成）

表 2　新しい野菜・めずらしい野菜の例（芦澤）

科	西洋野菜	中国・南方野菜
アオイ	ロゼル	
アカザ	キノア，テーブルビート	
アブラナ	ウォータークレス，ガーデンクレス，ケール，コールラビー，ラディッシュ，ハマナ，ホースラディッシュ（レホール），メキャベツ，ルタバガ，ロケットサラダ	カイラン，茎タカナ，結球タカナ，コウサイタイ，瘤タカナ，サイシンセリフォン，ターサイ，チンゲンサイ，食用ナズナ，根ガラシ，北方・南方型ハクサイ，パクチョイ，ロボ
イ　ネ		マコモタケ
ウコギ		ヒメウコギ
ウ　リ	アメリカ・カンタロープ，ウインターメロン，ガーキン，中央アジア・メロン，ハヤトウリ，ペポカボチャ，ヨーロッパ・カンタロープ	ウイグル・メロン，トカドヘチマ，ニガウリ，ヘチマ，ヘビウリ，野菜カラスウリ
オミナエシ	コーンサラダ（マーシュ）	
カタバミ	食用カタバミ	
キキョウ	食用キキョウ	
キ　ク	アーティチョーク，エンダイブ(シコレ)，カルドン，キクイモ，コスレタス，サルシファイ，ダンデリオン(セイヨウタンポポ)，トレビス，チコリ(アンディーブ)，ブラック・サルシファイ，ヤーコン	茎チシャ，スイゼンジナ，ニガナ，ヨモギナ，リュウゼツサイ
シ　ソ		チョロギ
シナノキ	モロヘイヤ	
ショウガ		ウコン
スベリヒユ	オオスベリヒユ	
セ　リ	チューバー・チャビル，スープセルリー，セルリアック，パースニップ，ハンブルグ・パセリ，フローレンス・フェンネル，プレーン・パセリ（パースレ）	キンサイ
センダン		チャンチン
タ　デ	ソレル（オゼイユ），ルバーブ	
ツルムラサキ		ツルムラサキ
ナ　ス	シホマンドラ，食用ホオズキ，ペピーノ	ク　コ
ヒルガオ		エンサイ
ヒ　ユ		ヒユナ
マ　メ	アピオス	クズイモ，シカクマメ，豆苗
ユ　リ	シャロット，チャイブ（シブレット），リーキ（ポアロ）	

香辛野菜を除く．アオイ科，アブラナ科，キク科，セリ科，ユリ科などには香辛野菜となるものも多い．

まタルタルソースなどをかけ、あるいは外皮を器にし、中に小エビ、マッシュルームなどを詰め天火焼きにします。

ロケットサラダ（ルッコラ）

葉はダイコンに似ていますが、切れ込みが深く、柔らかくて折れやすく、ゴマの香りとさわやかな辛味、それに少し苦みがあります。地中海沿岸の原産で、エジプトや南欧で利用されていますが一〇年ほど前からわが国に導入され、最近市場にも出回るようになり、知名度も上がりつつあります。育て方は簡単なので、家庭でのプランター栽培にも向いています。

トレビス

葉色が濃紫色でカットされたものは紫キャベツと見まがうこともありますが、こちらはキク科でチコリの仲間です。歯切れよく、苦みがあり、サラダや肉料理の添え物によく合い、風味を高めます。原産地はフランスで、フランスからイタリアにかけて広く栽培され、西欧各国で多く利用されています。日本では結球種が主に出廻っていますが、西欧では半結球のものもあります。新野菜のうちでは期待の星です。

エンダイブ（シコレ）

和名はニガチシャといい、葉先は細かく縮れ切れ込みがあり、強い苦味がありますが、光を遮り軟白することにより程よい苦みとなり、歯切れよく、肉料理の添え物やサラダには欠かせない役割を果たしています。導入は極めて古いにもかかわらず、永らくレストラン需要程度に限られてきましたが、煮物や炒め物にも向くので、もっと利用したい野菜の一つです。

茎チシャ

別名をステムレタス、チシャトウと呼び中国原産で、茎をたべるレタスの仲間の野菜です。葉の枚数が増え成長がさかんになると節間が伸び、長さ三〇～三五cm、太さ六～七cmにもなります。皮を剝き、塩ゆでして色と風味を出し、炒め物、サラダ、煮物、漬物などに利用します。茎を裂いて乾燥させたものが市販の山クラゲで、水に戻して炒め煮、キムチ、かき揚げなどに利用します。

パースレ

別名をイタリアンパセリ、オランダゼリと呼び、通常のパセリよりも丈が高く三〇～五〇cmにもなり、葉の縮れは少なく、三枚の柄のある複葉を付けています。ビタミンCを多く含み、βカロテンやビタミンB_1、B_2も多いという栄養価値もあってか、最近人気が高まってきたようです。西洋料理のつまに、スープに、刻んで混ぜものにと用途は広まっています。

ルバーブ

シベリア南部原産のタデ科の多年生野菜で、一度植えておけば何年でもおう盛に育ち、大きなハート型の葉の葉柄は、長さ五〇～六〇㎝にも伸び、赤く色づきます。この葉柄には強い酸味と香気《こうき》があるので、これをジャムやゼリー、砂糖煮にして利用します。色は緑がかっていて、よくはありませんが、ジャムの味は格別と評価は高いようです。

ヤーコン

南米アンデスの原産で、キクイモに似て草丈は一・五～二ｍにも達し、晩秋の頃になると地中にダリアやサツマイモに似た塊根《かいこん》を付けるので、これを切って酢を加えた水であく抜きし、煮物や他の野菜などとの炒め物にして利用します。歯触りはレンコンに似ています。糖含量が低く低カロリーで、整腸作用があり、ダイエット効果が高い健康野菜です。

ギョウジャニンニク

原産はユーラシア大陸北部、北アメリカ北部です。北海道・東北の各地、中部地方などの深山に広く自生しており、近年野菜売り場でも姿が見掛けられるようになりました。スズランに似た葉で、葉柄が長く伸びています。この若葉や花茎を食べるのですが、全身強いニンニク臭とぬめりがあり、体の保温や、不眠・便秘、免疫増強などの保健効果が認められています。

第三章　栽培管理技術の移り変わり

一　昔の栽培・収穫出荷作業と今の作業

(一)　手間賃稼ぎの野菜作り

野菜は概して育ちが早く、作物体は多汁質・柔軟であり、その形態は複雑で、栽培管理には多くの手数がかかります。また、一つひとつの種類が労働集約型の作物である上に、野菜類の小売商が八百屋（やお―数が極めて多いこと）と呼ばれていたことからも判るように、多くの種類を少量ずつ育てなくてはならず、その調製・出荷や、場合によっては販売も生産者が行わねばならず、昔の野菜づくりには極めて多くの労力が必要でした。

よく野菜づくりは手間賃稼ぎともいわれ、農家の人は、朝に星を仰いで畑に出て、日が暮れてから家に帰るという日々を過ごしていたものです。

野菜栽培にかかる労力を作業の面からみると、その工程が極めて多いことがあげられます。例えば、慣行の露地栽培の作業の種類をあげると

キャベツの場合（昔）

表 3　主要野菜における昭和30（1955）年前後(A)と昭和48（1973）年(B)の労力・収量比較（門馬）

（単位：時，kg，％）

項目		10アール当たり労働時間			10アール当たり収量		
		(A)	(B)	(B)/(A)	(A)	(B)	(B)/(A)
野菜	キュウリ	1,253.4	626.8	50.0	4,336	5,974	137.8
	トマト	986.7	769.6	78.0	3,951	7,661	193.9
	ナス	925.8	692.1	74.8	6,069	9,593	158.1
	スイカ	306.6	181.1	59.1	3,459	4,568	132.1
	ダイコン	228.7	159.6	69.8	4,907	5,570	113.5
	ニンジン	418.0	162.5	38.9	2,595	2,808	108.2
	ゴボウ	203.4	135.0	66.4	1,741	2,047	117.6
	サイトモ	206.6	169.3	81.9	1,752	1,406	80.3
	タマネギ	273.6	159.7	58.4	2,954	4,259	144.2
	ハクサイ	175.3	104.7	59.7	4,588	6,607	144.0
	キャベツ	170.4	117.6	69.0	4,182	4,922	117.7
	ネギ	500.2	377.9	75.5	3,298	3,294	99.9
	平均	—	—	66.9	—	—	132.6

注）1.農林省農林経済局統計調査部「農産物生産費調査年報」による．
2.昭和30（1955）年前後とは29年，30年，31年，3か年平均値を示す．
3.統計数値は調査年報による全調査農家平均を示した．

畑の耕起、整地、元肥入れ、苗床つくり、種まき、間引き、移植、植溝つくり、植え付け、除草、追肥、中耕、薬剤散布、収穫、調製、荷造り、出荷と、これで述べ一七種類となります。この他に地力作りのための堆肥《たいひ》の材料集め、堆積、切り返しも加わります。これらの作業は、一部では耕起や運搬に馬や牛を使う場合もありましたが、大部分はクワ、カマ、運搬具など若干の農具を用いてすべて人力で行っていたのです。

昭和三〇年前後の一〇アール当たりの所要労働時間は一七〇時間でした。この場合の収量は四・二トンでしたので、一トン当たりの所要労働時間は四〇・五時間ということになります。

トマトの場合（昔）

育苗《いくびょう》（苗床施設造り、醸熱材料踏み込み、種まき、移植、温度管理、灌水、この二～三回繰り返し、苗取り）、畑の耕起、整地、元肥入れ、支柱立て、植え付け、誘引、芽かき、摘心、受粉、追肥、中耕、敷わら、薬剤散布、収穫、調製、荷造り、出荷などで、延べ三〇～三五時間となります。これらの作業は、キャベツと同じく一部の作業に家畜を利用する以外は、クワ、カマ、押し切り、運搬具など、若干の農具を用いて、すべて人力で行ってきたのです。

昭和三〇年前後の一〇アール当たりの所要労働時間は九八七時間でした。この場合の収量は七・七トンでしたので、トマト一トン当たりの所要労働時間は一一六時間ということになります。

トマト、キャベツともに、それ以前の大昔については、信頼するに足る経営状態のデータが見つかりませんが、収量については、昭和五（一九三〇）年の時点で一〇アール当たりキャベツ一・八トン、トマト一・七トン（園芸家必携より産出）とされており、それぞれ昭和三〇年前後の四分の一程度しかなかったので、労働集約度は低く一〇アール当たりの労働時間は少なかったとしても、一トン当たりにすると昭和三〇年時点よりは格段に多くの労働時間を費やしていたものと想定されます。

(二)　機械・資材利用、品種の力で省力化がすすむ

野菜にかかわらず農業全体についていえることですが、省力化の先駆けになったのは、耕耘と運搬、そして薬剤散布への機械利用でした。昭和二五年頃アメリカから導入された小型耕耘機（メリーテイラー）は、その数年後から野菜農家に本格的に取り入れられはじめ、その後の一〇年間に数十倍の台数になるほど急速に普及し、それとともに耕耘から整地、溝掘り、畝立て、土寄せなどへと機能を高めた機械が続々と開発されてきました。また、畑への播種、苗の移植、畝面へのフィルムマルチなどを自動的に行うことのできる各種の機械の実用化も、急速に進み、作業の大幅な省力化が図られてきました。これらのことにより、重労働が軽労働になり、作業姿勢の改善が図られ、また一作業に拘束される時間が短くなることによって諸作業が適時に行い得るという、野菜にとってはとても大切な諸効果が得られました。運搬についても園内道路はもちろんのこと、公道にも野菜や資材を積んだ荷台付の耕耘機や、軽自動車が走り回っている状況が、全国至る所の野菜産地でみられるようになってきたのです。

資材利用で大きく変ったのは、雨をよけて計画的に楽に作業できるビニールハウスによる施設化ですが、これは別項で述べているのでそれを参照して下さい。その次にあげられるのは昭和三五年頃からのダンボール箱や各種のプラスチック製の容器、テープなどの包装資材の出現です。バラで市場に持ち込み、板の台の上に整然と揃えて並べたのはあまりにも昔のことですが、わらや紐で束

ね、あるいは板を釘で打ち付け、木箱を作り、これに丁寧に並べて詰め、市場に持ち込んでいた頃も荷造り・調製・出荷の作業は大変に労力のかかるものでした。それが、容易に組み立てられるダンボール箱や、バラ詰めできるプラスチック袋の利用で大幅な省力化が進んだのです。また、プラスチック製のテープや紐が安価に入手できるようになり、それまで縄や稲わらなどで束ねたり、結んだりしていた支柱立てや誘引などが極めて楽に行われるようになりました。

品種が改良されたことも作業の省力化に大きく貢献しました。特にF1といわれる一代雑種になったことにより揃いがよくなり、調製・荷造りは容易になり、また、耐病性品種の出現は、栽培管理や薬剤散布の労力の大幅な節減を可能にしました。

これらのことにより、人力作業が機械作業に変ったり、作業そのものが能率的にできるようになったり、あるいは省かれたりし、技術体系は大きく変ってきました。

その結果、現在の労働投下時間をみると

キャベツの場合（今）

一〇アール当たりの所要労働時間一〇四時間、収量五・五トン、一トン当たりの労働時間一八・九時間となり、昭和三〇（一九五五）年時点の一トン当たり四〇・五時間に対して四七％に節減されたことになります。

トマトの場合（今）

一〇アール当たりの所要労働時間七七四時間、収量九・六トン、一トン当たりの労働時間八〇・六時間となり、昭和三〇（一九五五）年時点の一トン当たり一一六時間に対して六九・五％に節減されたことになります。

(三)　省力化の最前線では

キャベツ、トマトの例はいずれも一般的な栽培農家の数値ですが、先進的な集団産地や個別経営の農家では、さらに高性能な機械や省力生産システムが導入されている事例も多くなりました。

例えば、キャベツ、レタスなどの葉菜類ではセル成型苗を用いて全自動移植機により人手によらないで畑に能率よく植え付け、施肥、薬剤散布を機械化して、さらに大幅な省力化を図っています。また、重量野菜といわれているキャベツ、ダイコン、ハクサイなどでは収穫・搬出・荷造り運搬が極めて困難ですので、自動収穫機の開発、実用化も図られ一部産地に普及してきました。さらにキャベツなどでは、収穫したものを直接コンテナにつめ、流通する新システムについて研究・現地実証が行われ、実用化の見通しが得られているので、近々一段と省力化が進むと思われます。

また、トマト、ナス、キュウリなどの果菜類では、困難が伴う育苗（特に接ぎ木苗）を外部に委託することや、選果、箱づめ、出荷をＪＡなどの共同集出荷場に委託するなどで省力化を図ってき

表4　施設野菜品目別・作業別労働時間　　　（単位：時間/1,000㎡）

区　分	トマト	キュウリ	ナ　ス	イチゴ	メロン
労働時間合計	1,164.13	1,063.10	1,901.74	1,825.98	393.23
育　苗	67.56	41.67	22.98	191.90	16.69
播種・定植	41.44	41.91	27.76	94.15	22.83
施　肥	23.68	24.39	39.45	36.73	8.89
薬剤散布	29.39	31.13	41.90	47.18	14.36
収穫・調製	309.24	370.86	722.18	420.56	37.74
その他	499.93	357.34	932.82	517.77	272.79
出荷労働	192.89	195.80	114.65	517.69	19.93

資料：平成10年農業経営統計調査（野菜・果樹品目別統計）

ましたが、とくにトマトでは、近年、作業空間の大きい、大型・大規模の温室に、養液栽培装置、多目的細霧噴霧装置、移動作業・収穫物運搬装置、コンピュータ制御装置、などを備え、生産・販売を計画化、総合制御するシステムにより、大幅に省力生産される例もみられるようになってきました。

労働賃金の安い諸外国からの輸入野菜が急増している昨今、労働生産性の向上は、野菜生産の維持・向上のために、ますます重要な課題になってきました。

二　野菜の早出し栽培の昔と今

㈠　フレーム・障子かけから簡易ハウスへ

野菜の生産技術のうちで、この二〇世紀後半に最も大きな変化を遂げてきたのは、季節越えの手法としての施設園芸の発達といってよいでしょう。

油紙障子やコモ、トマ（苫）などにより畑を保温被覆し、稲わら・落葉・都市塵芥《じんかい》などの踏み込みによる発酵熱で地温を高くし、露地ものより少しでも早出ししようとする、今でいう促成栽培のはしりは、すでに四〇〇年前の天正年間（一五七三―一五九二）に、京都のナスではじまり、その後静岡の美保、江戸、名古屋方面に広がり、キュウリ、インゲンその他の野菜が栽培されるようになったとされています。

その後、明治中期にはヨーロッパからガラス温室が導入され、やがて兵庫、岡山でブドウ栽培が試みられ、明治末期には豊橋でメロン、トマトなどの促成栽培に成功、温室組合も誕生し、東海地方においては産地化も始まりました。

特に大正一二（一九二三）年の関東大震災を契機とする輸送園芸の発展に伴い、静岡、愛知、神奈川などにガラス温室が建設され、第二次大戦前の昭和

簡単な防寒法の昔と今

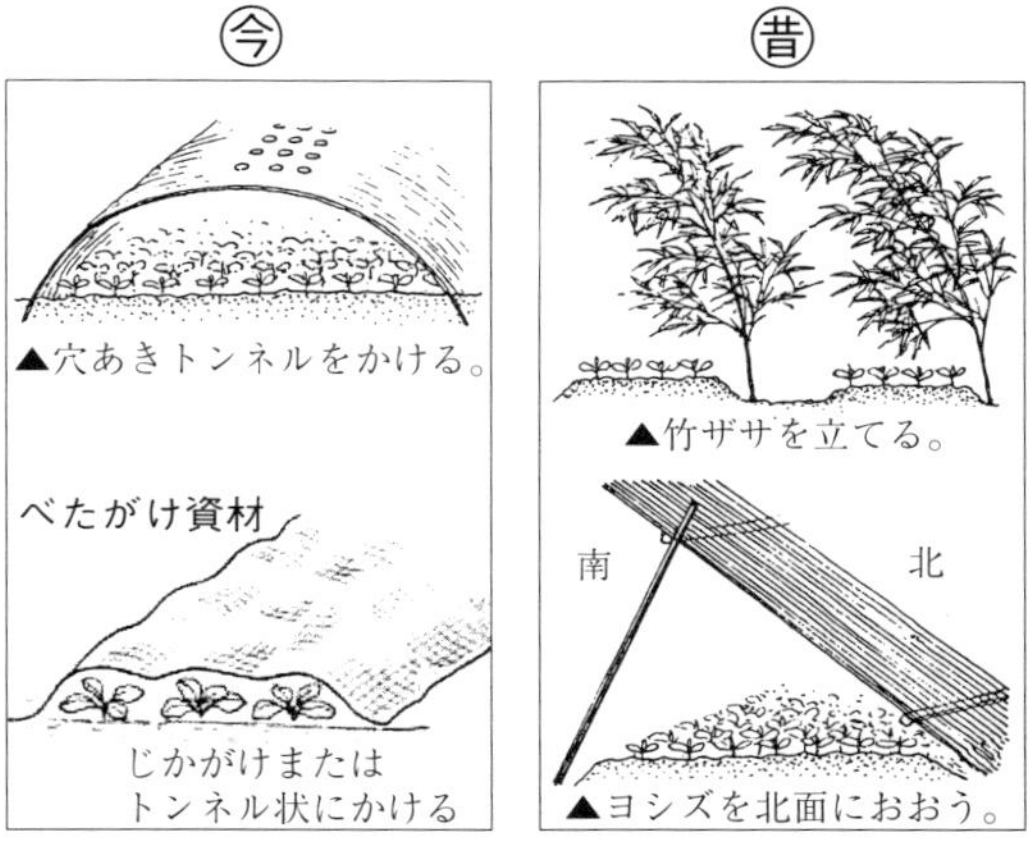

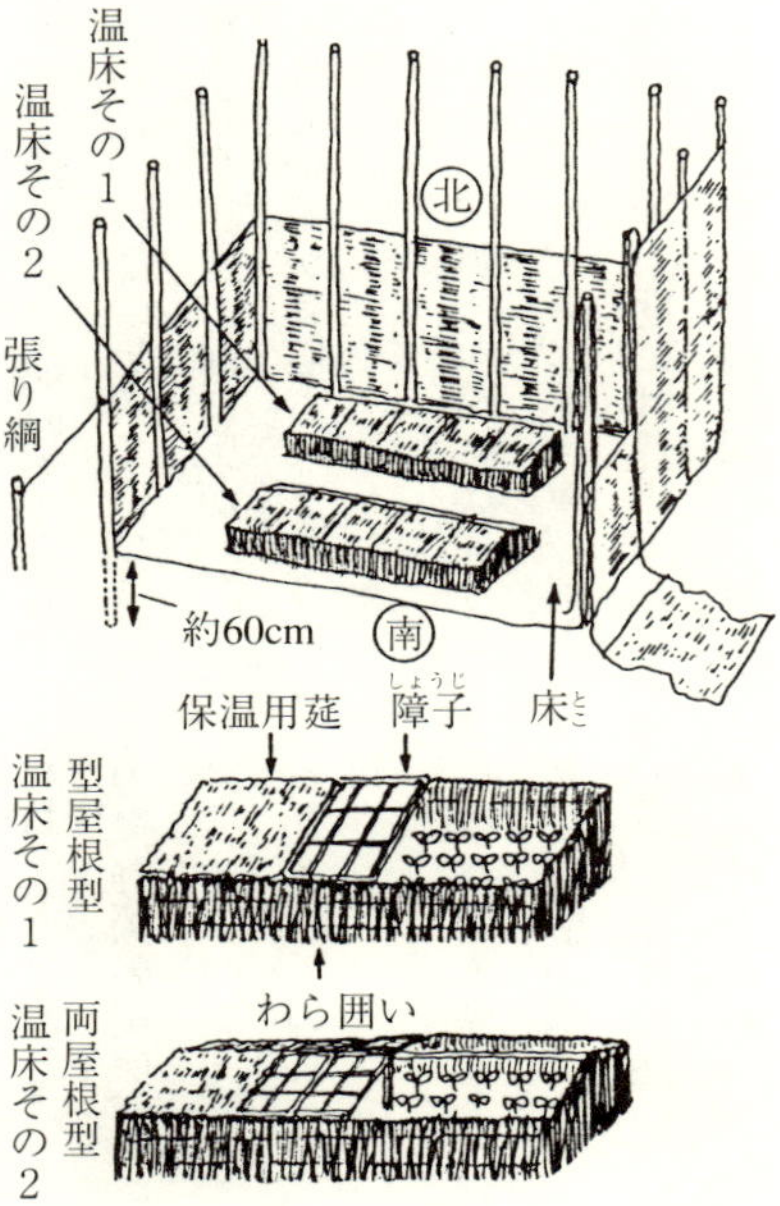

図46　砂村での野菜の早出し栽培の施設
（「江戸・東京ゆかりの野菜と花」
〈ＪＡ東京中央会；農文協刊〉より引用）

十一（一九三六）年にはその面積は一三一ヘクタールに達し、油紙やガラス障子かけによるフレームの簡易施設も温暖地に相当面積普及し、季節を超えての野菜生産を担っていました。

　しかし、その生産物は、いわゆる「不時栽培もの」、「促成もの」として貴重であり、高級料理店や上流階級の台所の、贅沢な嗜好を賄《まかな》うに過ぎず、庶民の生活には極めて縁遠いものでしかなかったようです。

　戦時中は軍事動員、食糧増産の国策により、全く衰《すい》

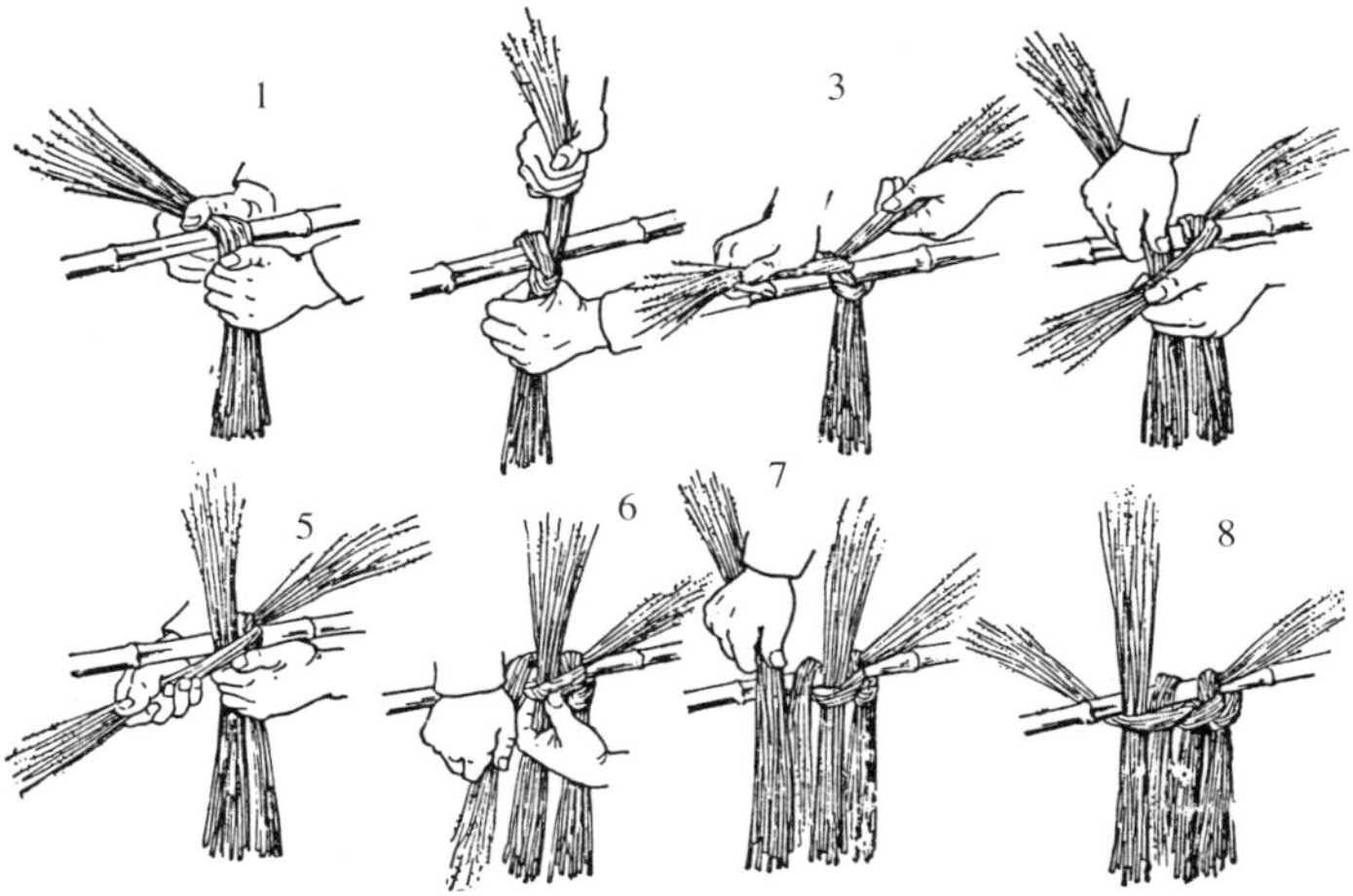

藁　框　の　藁　の　網　付　け　方（1）
番号の順に軽く一握りの藁を編み付けて行く。

藁　框　作　り（2）
予め長さ約3尺、末口1寸—2寸丸太を1間置きに高低なきやう打ち込んで、男竹を渡し、藁を編み付ける。

図47　藁框の作り方
（江口庸雄；蔬菜園芸）

微《び》してしまったこれらの早出し栽培は、統制撤廃により戦後数年にして次第に旧産地から復興しはじめ、東海地方にはガラス温室によるメロン、トマト、キュウリ、エダマメなどの促成栽培がはじまり、また、都市に近い温暖地ではフレームによるキュウリ、トマトの半促成、抑制栽培が、そして西南暖地には油紙障子を用いたキュウリ、トマト、スイカなどの簡易なペーパーハウスによる促成栽培などが増加してきました。しかし栽培は難しく、生産者・規模ともに限られており、促成ものの出回り量はごく少ないものでしかありませんでした。

その当時の施設を振り返ってみますと、ガラス温室は、骨材は木骨でガラスは二㎜厚、間口三・六〜七・二m、奥行き一八m程度、建坪三六〜七二mで、小規模な、今でしてみれば趣味程度の温室の少し大きなものぐらいしかありませんでした。産地は愛知県の渥美、知多、豊橋、静岡県の美保、浜松、神奈川県の寒川などが著名でした。

フレーム施設は、一部の産地では専用のガラス障子、ガラス厚二㎜、九〇×一二〇㎝を、木組または稲わら、麦わら製の一・二m×七・二〜一〇・八mの枠に覆ったもの、または同サイズの油紙障子を、同じくフレームに覆ったものでした。加温のための醸熱材料は、水田地帯では稲わらを、山林に近いところでは落葉を主材料とし、これに補助材料の米糠、紡績屑、下肥などを加えたものでした。障子の下の栽培空間は三〇㎝程度しかないので、入念に保護できる期間は短く、収量は少ないものでした。そのため遅い植え付けのものは、後半は支柱を立てて露地状態にして長く収穫を続ける場合もありました。山梨県の竜王、神奈川県の秦野、茨城県の石岡など、関東に比較的多くの著名な産地がありました。

ペーパーハウスは西南暖地の天恵の気象条件を生かした促成栽培に用いるために考案されたもので、その一例は、油紙障子の九〇×一八〇cmのものを合掌式に二枚合わせにし、それを支えるような木枠（腰高四五～六〇cm）に固定し、中央通路には屈んでは入れるぐらいの比較的大きな空間をもたせた施設でした。和紙を産する高知県、同様に温暖な宮崎県などが著名な先進産地でしたが、その他にも散在的な施設はありました。

これらのフレーム・ハウスともに、被覆材そのものの保温力は小さく、早出しの程度には限界がありましたので、これを補うために、その上にはコモやトマなどの断熱性の高い保温材を覆う場合が多かったのですが、雨に合わすと保温効果が落ち、大変に重くなり、掛け外しの操作が極めて困難になるので、急な雨の夜は、急いで取り外したりしなければなり

野菜の生長に必要な水の量

野菜の一日の吸水量は相当多く、梅雨《つゆ》あがりの晴天では、生長したキュウリで一株当たり三リットル、トマトやナスで二～二・五リットル、レタスで〇・一リットルぐらいです。

この吸水量は、光の強さ、気温や地温、風の強さなどによって変わります。同じ梅雨明けでも、曇天ならば、前記の三分の一から四分の一にまで減ってしまいます。

吸収された水は、すべて形を変えて植物体内に蓄えられるのではなく、多くは利用されたのち、葉の気孔《きこう》から大気中へ蒸散《じょうさん》します。この量も、外界の風や温度、空気の湿り具合によってたいへん違います。これらのことは灌水量や灌水の間隔を決めるときに、貴重な判断材料となります。

このように必要な水を、栽培畑や施設に安定して供給することが大変重要であり、その確保のための水源や、上手に潅水するための施設化・製造化が行われています。

ませんでした。また当然のことながら晴天の日中は、障子をすかして換気を図らねばならず、それらの温度調節の苦労も大変なものでありました。

(二)　ビニールハウスから施設園芸へ

昭和二六（一九五一）年に農業用のビニールフィルムが国産化されたことによりそれまでの早出し栽培は一変することになりました。当初はこの〇・〇七五〜〇・一㎜という薄くて、しかも光線透過率の極めて高い資材の使い方が判らなくて、試行錯誤し、従来法に従い、切って障子に張り付け、これをフレームに、あるいはハウスにと取り付けていました。それから、一〜二年を経ずして長尺ものを切らずにそのままハウスの屋根に張り付け、あるいは竹骨を湾曲して土に挿して、小型のトンネル状に被覆し、簡単に利用する方法が考案され、急速に実用技術として普及しはじめました。

特にハウスのほうは、木と竹の骨材による竹幌型《たけほろがた》の小型単棟式から等辺山形鋼と割竹の結合による連棟の、いわゆるアングルハウスやC型鋼、ロ型綱を用いた大型単棟式へ、そして一方では鋼管を主体に用い、各種アイデアにとんだ部材により鋼材だけで容易に組立てできる簡易単棟パイプハウスへと、機能性を高めた多数の構造型式が開発されてきました。それとともに、換気、暖房、地中加温、室内カーテン、灌水などの付帯装置・設備、あるいはそれらの自動化や環境制御装置など

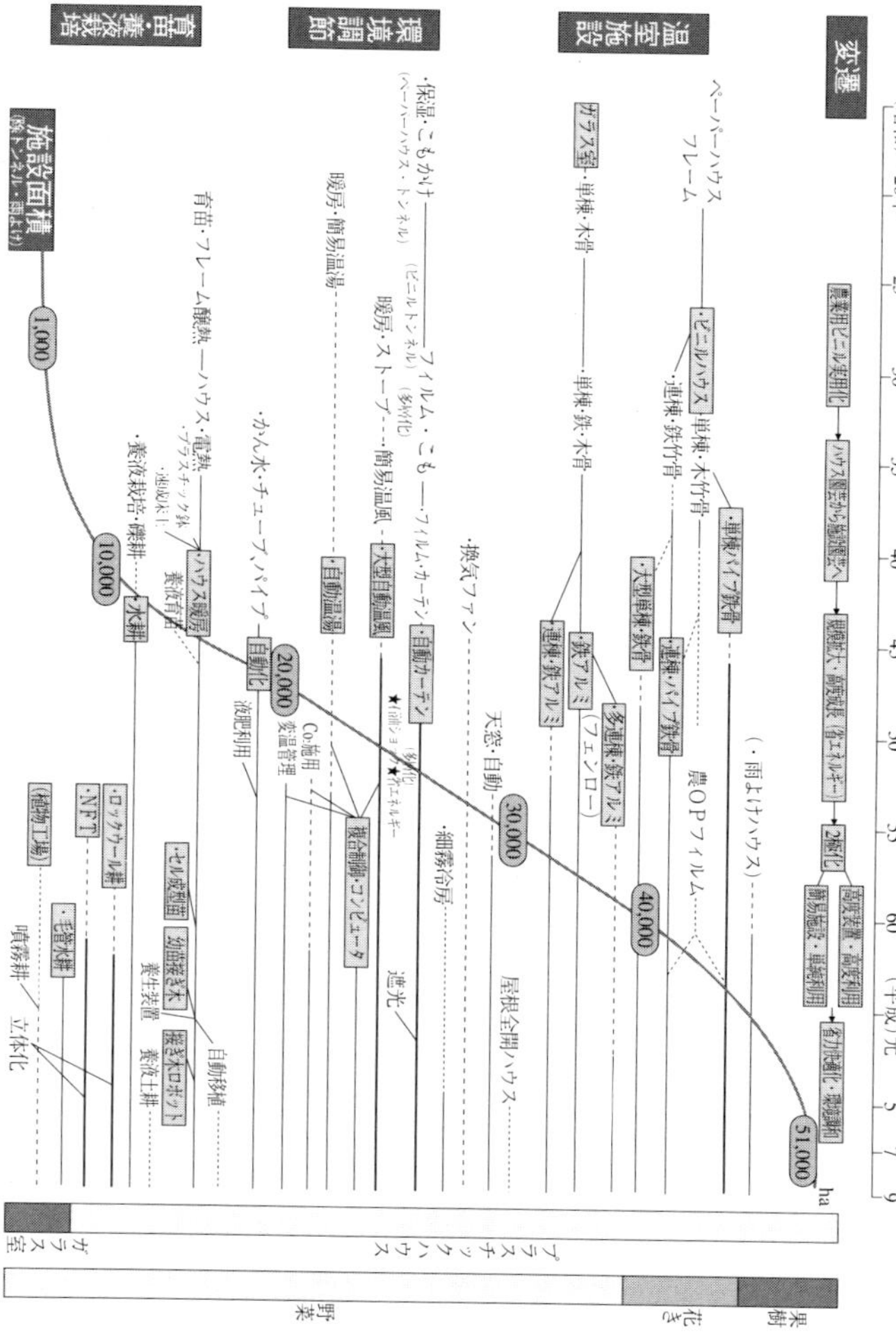

図48　施設園芸の発展（日本施設園芸協会）

の開発・改良が盛んに行われました。折しも昭和三〇年代後半の高度経済成長時代に入っており、鋼材はじめ工業製品の設備資材は、野菜の販売価格に対して割安であったことも幸いして、生産農家の参入が増え、既存農家の規模拡大、施設装備の充実も進み、面積は順調にのびてきました。後述の養液栽培の実用化も図られたのもこのころです。

このような発展を受けて、昭和三七～三八年頃からビニールやポリエチレンその他の資材を被覆したプラスチックハウス、ガラス室や、内部の諸設備を包括、それによって気象環境や地下部の培地条件を制御し、あるいは作業の省力化を図る園芸生産方式を施設園芸と呼称するようになり、今日に至っております。

㈢　環境制御、生産管理技術の開発改良

野菜の多くの種類において、昔と今の作型に大きな違いがみられるようになってきましたが、それは施設園芸の発達、とりわけ環境制御法の進展によるところが極めて大であるといってよいでしょう。

昭和三〇年前期までの初期の施設栽培は、プラスチックフィルムによる屋根面被覆あるいは保温資材による夜間の放熱抑制など、太陽熱によって得られた環境特性にあわせて作物をいかに適合させるかという、施設利用としては極めて消極的な手法でありましたが、その後次第に施設・装備が

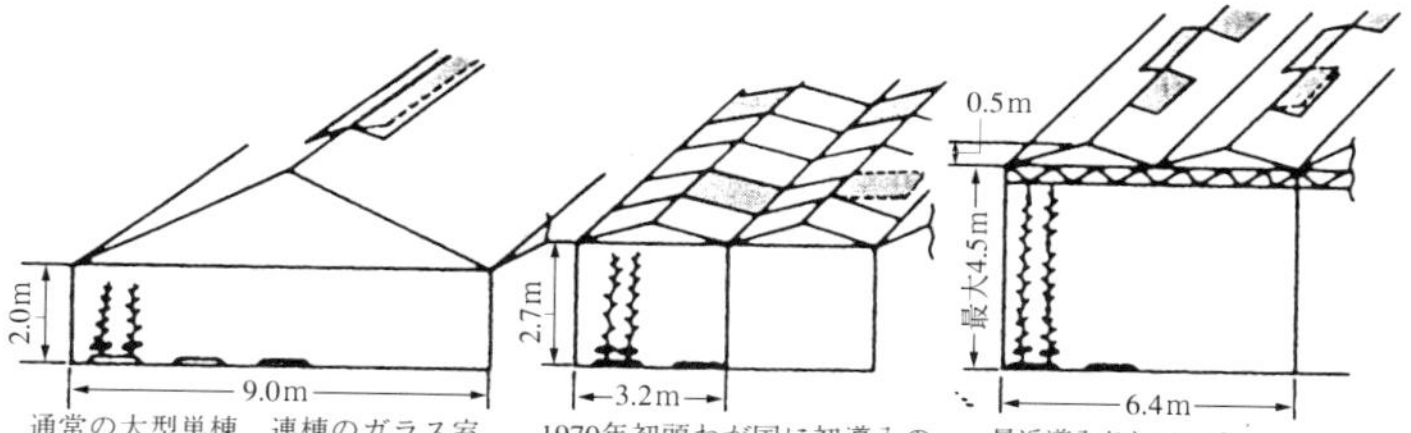

通常の大型単棟，連棟のガラス室　1970年初頭わが国に初導入のころのフェンロー型ガラス室　最近導入されているフェンロー型ガラス室

図49　ガラス室の形式

高度化するにつれて、作物の生育に好適な環境をいかにして作り出すか、という積極的な、いわゆる環境制御が行われるようになってきました。

制御の対象となったのは、地上部環境要素としては光・温度・湿度・二酸化炭素（CO_2）、気流などであり、地下部環境要素としては水分・地温・酸素・肥料栄養などでした。

地上部については、光は施設構造と被覆材、温度は日中の換気と夜間の暖房のための窓構造、ファン、暖房機器、湿度は地面マルチ、保温カーテンの資材・開閉方法、二酸化炭素は白灯油炊き発生機や液化炭酸施用などであり、地下部については、水分は灌水機器、マルチング、暗渠《あんきょ》排水、地温は電熱、地中配管温湯加温、酸素・肥料栄養は有機物資材・肥料の適正施用、養液栽培の利用などでした。

これらの制御方法や相互に関連の深い要素の複合制御については、コンピュータ利用による制御器の導入が図られてきました。

その過程で特記すべきは昭和四八、五二（一九七三、一九七七）年の二度にわたる石油危機の勃発でした。施設園芸では、石油由来の資材を多く使い、燃料に直接石油を用いていることから、厳しい

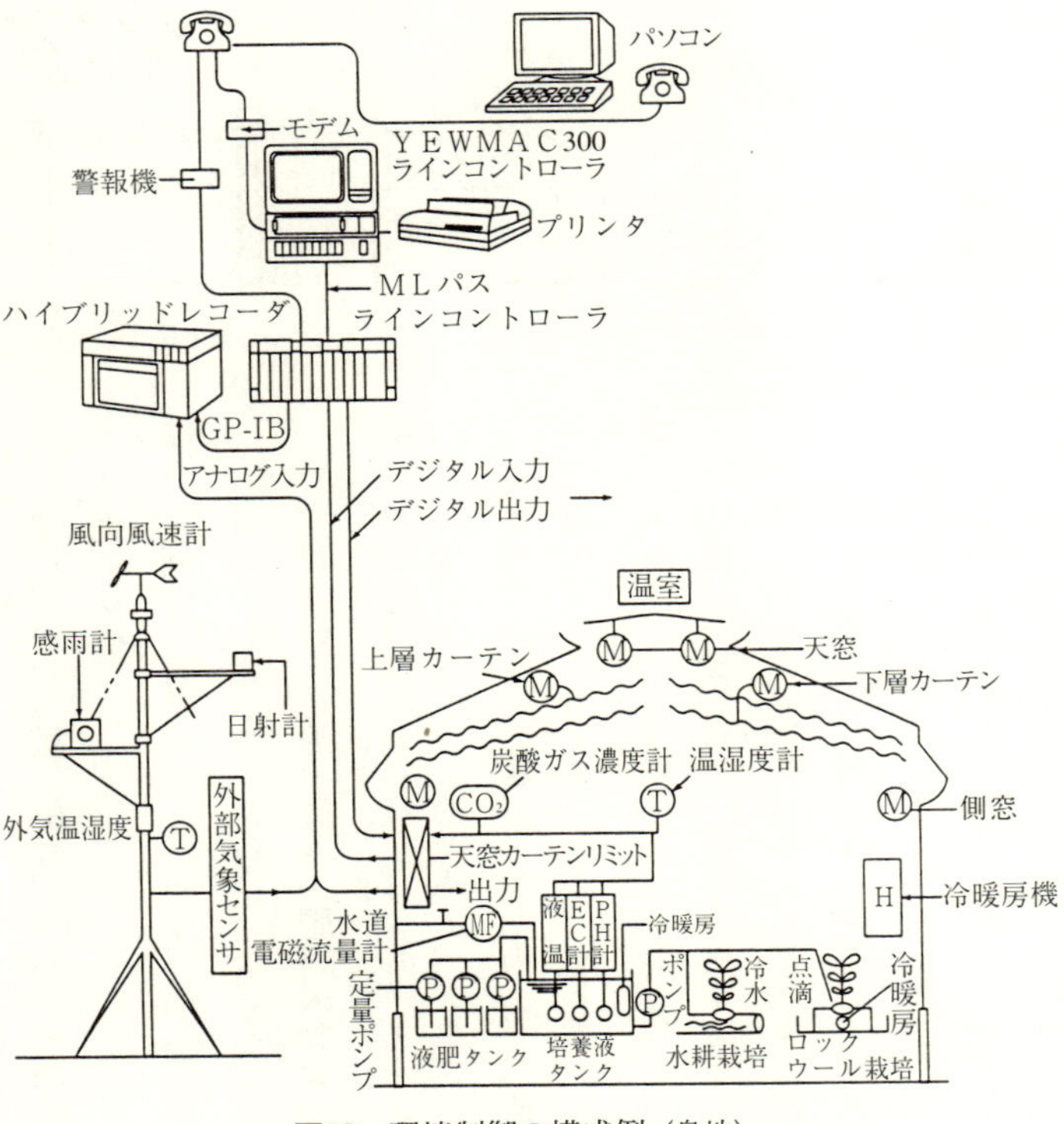

図50　環境制御の構成例（島地）

技術の見直しが求められ、多方面から省エネルギー対策が施されたものに組み替えられました。その後石油事情の緩和からもとに戻ったものも多いのですが、貴重な技術の蓄積が図られたことは、今日再び石油事情が悪化の兆しを見せ、さらに環境保全・持続的濃法の必要性が高まっている時、忘れてはならないこととなってきました。

施設栽培に導入される野菜は、総じて環境に敏感で、生育速度が早く、形態は複雑で栽培管理が繁雑なことから、多くの労力を必要とし、そのうえ高温・多湿条件に伴う不快感や、防除農薬の使用時の経口吸入による健康障害の懸念がつきまといます。

最近の高度化された施設では、温室施設の軒高の改善、施設規模の拡大、施設内の設備・資材・通路などのレイアウトや性能の向上、栽培管理作業の簡易化・省略などが積極的に進められ、あるいは養液栽培装置の導入が図られたりして、昔のものとはまさに隔世の感があります。このように高度化された施設では周年利用が目標ですが、わが国の夏期の高温はそれを妨げ、夏の涼しいオランダなどに較べて収量が少ないのが競争力の面での問題となり、その対策として細霧による気化冷却法を用いる方法も生まれて、加湿や農薬・葉面施用剤などの散布との多目的利用で伸びてきています。

施設として最も多いのは簡易なパイプハウスですが、フィルム資材、フィルムの展張、サイドの巻き上げ換気装置の機能性向上、換気扇の利用などで格段に性能は改善されてきました。本来簡易なのがその特徴ですから、それを生かす範囲で、低コストの生産が図られているのですが、昭和五〇年代末期に、この特性を梅雨期から夏にかけての降雨防止、気候緩和に応用する雨よけハウス栽培が考案され、中部高冷地をはじめ全国の冷涼地の春から秋にかけての野菜栽培を活性化してきました。

このようにハウス園芸は、簡易ハウス、雨よけハウスへと裾野を広げ、高度装置化した周年利用型温室、それに養液栽培を取り入れた自然光利用型植物工場、さらには季節如何にかかわらず全く計画的に生産できる人工光型植物工場にと頂を高め、大変大きな施設園芸の山に発展を遂げてきました。

今日、生産現場では高齢化、後継者不足に悩み、流通・消費面では大きな状況変化がみられ、とくに輸入野菜の増大は国際競争が急速に激化しつつあることを物語っており、生産コストのより一層の低減が求められています。また、環境負荷の軽減への対応も持続的発展にかかせないものとなってきているなど、施設園芸もかつてみられなかったほどの厳しい環境におかれています。こうした状況の中での課題をよく捕らえ、速やかに、しっかり対応していくことが、これからの施設園芸の発展のために、ことのほか重要になってきた感があります。そこで、私見ではありますが、当面とり組む必要があると思われる課題を、以下に七つほど取り上げてみました。

㈠　収穫・調製、それと競合する投下労働の軽減、作業の快適化

農家の高齢化加速

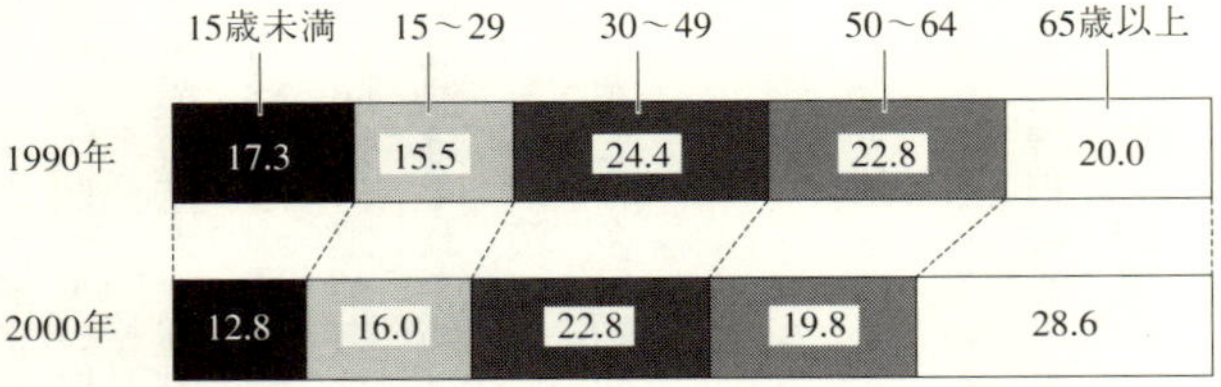

農家人口の年齢構成の推移（数字は%）

国勢調査に当たり、国内すべての農家を対象にしている。
今回は沖縄県を除き、2000年２月１日現在で調べた。

㈡　雇用者、高齢者の労働力の活用、
㈢　作業の外部化。特に育苗や選別・荷造り・出荷
㈣　高位・安定生産が継続できる栽培技術への転換
㈤　生産物の付加価値向上と有利販売
㈥　新作物・品種等の導入による新商品の開発
㈦　環境負荷の軽減、環境調和技術への組み替え

三　様変わりした苗事情

㈠　「苗作り半作」、失敗の多かった昔の育苗

昔、野菜農家の間では「苗作り半作」という諺がよく口にされていました。栽培成績の半分は苗によって決まってしまう、よい苗を育てることができたなら栽培は半ば成功したようなもの、との意でしょう。とくにナス・トマト・キュウリなどの果菜類の早出し栽培では、苗のうちに早期収量をきめる花の元となる花芽ができてしまうので、この諺が重要視されたものでした。

事実、昭和二〇年代までの育苗技術は、まず、苗床に当たる箇所に深さ三〇～四〇cmほどの穴を掘り、温床の木枠を据え付け、あるいは木杭をうちこみ横に竹竿をわたしたところに稲わらを編み付けて、わら枠を作ることから始めなければなりませんでした。その枠内に、三つに切断した稲わら、落葉などに米糠・紡績屑を加え、水を掛けながらよく攪拌《かくはん》した、いわゆる醸熱材料を詰め込み、二～三人の足で延べ何千歩も力強く踏み付け、下肥を打ち、さらに同じことを二～三回繰り返して三～四層、三〇～四〇cmの厚さにして数日待ち、発酵により適当に昇温するのを待って床土を入れて丁寧にならし、そこにはじめて種子をまくことができたものでした。床土も一年前から土と稲わらを交互に堆積し、二～三回肥料を加えて切替し、十分発酵させたものを用い、もちろん苗床上に覆う油紙障子も、その上に覆う保温用のコモやトマも、何もかも手作りでした。さらに、

野菜の花芽分化

葉や茎などの栄養体をつくる栄養生長から、花をつけて子孫繁栄の準備にはいる生殖生長への第一段階で、花芽が形成されはじめます。これを花《はな》芽《め》分《ぶん》化《か》と呼んでいます。小さな葉を顕微鏡で一枚一枚めくっていくと、茎の先端付近にごく小さな円錐状の花芽がのぞきます。

花芽の分化時期は、春にたねまきしたトマトやナスでは、たねまき後二五日目ぐらいの、ごく小さいときです。

植えつけ期の苗では、一〇個以上の発達した花芽をもっているのが普通です。

果実をとる野菜では、早くよい花芽をつけさすことが大切な技術になりますが、葉を沢山つけねばならない葉菜類では、花芽をつけると葉の枚数がふえなくなってしまうので逆に早い花芽分化は大変困りものです。それを防ぐのにいろいろな対策を講じたり、品種を選んだりして栽培する必要があります。

この発酵熱は、上手に踏み込んでも一五～二〇日しか持続しないので、二～四回繰り返して、苗を移植する必要があったのです。

私も学生時代から大変数多くこれらの作業を繰り返しましたが（当時はこれが実験材料を作る基本でした）、毎回同じようには行かず、コツは覚えにくく、また、その頃は専門の農家でも失敗談は枚挙にいとまがないほどでしたので、大変難しい技術であったのです。

(二) ハウス・電熱利用、鉢上げによる移植省略で簡易化

農業用ビニールフィルムの実用化は、この難しかった育苗技術の改良に、実に大きな影響をもたらしました。ビニールハウスが実用化されるにつれてまもなく、採光・保温性のよいハウス内で、雨露をしのいで育苗できるメリットが知られ、ハウス内を育苗場所に利用する方法が普及し始めました。また、戦後の食糧増産のためのサツマイモの苗床に普及奨励されていながら、コスト高のために野菜では普及が遅れていた電熱による苗床加温も、ハウス内での利用なら電力使用料が少なく、低コストになることから普及が加速されました。加えて軟質のビニール鉢・ポリエチレン鉢に小苗のうちに移植することで、多かった移植も一回で済ませることができるようになり、床土も土壌改良剤と緩効性肥料の利用による速成床土《しょうど》が実用化されるなど、個別技術にも進歩がみられました。

これらの個別技術の集積により、生産現場における育苗は、格段に簡易・省力化が図られ、多く

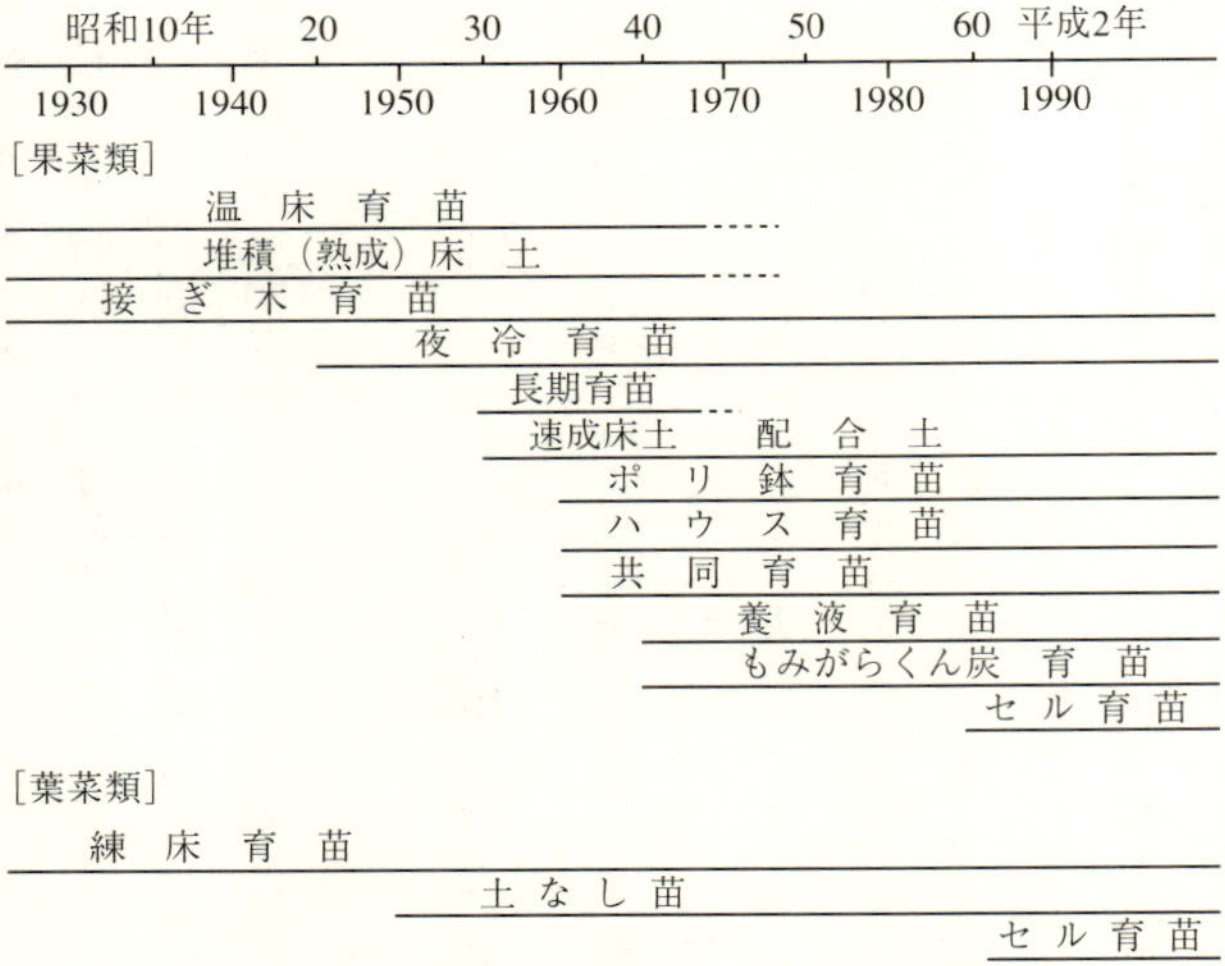

図51　野菜の育苗における技術・資材の変遷
（崎山，平成6（1994）年）

「連作」と「輪作」

同じ種類の野菜を毎年同じ場所で栽培することを、連作といいます。

しかし、ナスのあとにふたたびナスを植えつけると、いろいろな害が生じてきます。つまり、土壌によって伝染する病害や虫害がふえたり、土のなかの特定の肥料成分が少なくなったり、微生物の種類が単純になって微生物間の平衡《へいこう》が失われたり、根から特殊な毒素が分泌《ぶんぴつ》されたりして、順調に育たなくなってしまうのです。

ナスのあとに、同じナス科のトマトやピーマンやバレイショを連作する場合も、共通してかかる病気が多かったり、小規模でも前記の害が悪化したりして、よい結果が得られないことが多くなります。

そのため、つくる野菜の種類を順ぐりにかえて、何年かおきに同じ場所に作づけが回ってくるように種類を組み合わせる必要が生じてきます。このような作づけの仕方を、輪作といいます。

の経験を積まなくてもよい苗が安定してえられるようになってきました。とくにハウスやガラス室栽培では、定植後もよい環境が作り出せることもあって、植え傷みも少なくなり、作柄は安定し、かつての「苗作り半作」という諺もほとんど死語になってしまいました。

技術が安定化したために、苗に関する関心は低くなり、昭和四〇〜五〇年半ばの頃は、苗の姿が薄れた年代であったといってもよいでしょう。

㈢　バイオテクノロジー、メカトロニクスで新しい苗の時代に

昭和五〇年代に入る頃から野菜苗に、それまでになかった新しい動きがみられはじめました。それはバイオテクノロジーによるクローン苗、組織培養苗の実用化で、花きのラン、カーネーションについで、野菜ではイチゴの茎頂培養によるウイルス無病苗による生育増進、収量増大効果、さらにサツマイモのウイルス無病苗の品質向上などの効果が明らかとなり、普及が本格化したことです。いずれも栄養繁殖性で、ウィルスフリーの苗をつくることで、本来の特性を回復したといえます。優良苗は栄養繁殖に頼るため増殖効率が低く、更新のためには多くの困難が伴うので、個別農家では対応が難しく、研究機関・共同組織・農家が一体となった増殖体制が整備されて、成果があげられてきました。

もう一つ大きな動きが見られたのは、昭和六〇年代に入ってのセル成型苗の導入と急速な普及です。

セル成型苗というのは、規格化された多数の穴をもつプラスチック製のトレイと、均質に調製された用土を用い、土詰めや播種《はしゅ》などを機械により完全に自動化・省力化し、根鉢が十分に形作られるまで育苗された均質な苗のことで、またの名をプラグ苗（電気部品のプラグのように簡単に引き抜き、挿し植えできる。海外ではこれが一般名）といいます。

この方式はアメリカで開発され、昭和四〇年頃から苗木生産に用いられはじめていたといわれますが、五〇年頃からアメリカ、オランダ、西ドイツなどで花苗や野菜苗に利用されていました。

わが国には昭和六〇（一九八五）年に、先駆的な苗企業により導入され、苗の生産・販売が行われはじめました。当初は花苗への利用が多かったのですが、野菜においてもその有効性が認められて急速に普及し、現在は野菜の方に多く利用されるようになっています。

野菜の種の大きさ

ナタマメ、一寸ソラマメなどは大きいほうですが、随分小さい種の野菜もあります。およその大きさを比較するために、二〇ミリリットルの種子粒数を掲げると、次のとおりです。

ナタマメ	5
ソラマメ	12
トウモロコシ	65
カボチャ	70
キュウリ	360
マクワウリ	480
ホウレンソウ	720
ダイコン	800
ニンジン	2,000
ネギ	2,150
キャベツ	3,400
ハクサイ	3,800
ミツバ	4,000
レタス	4,900
セルリー	27,000

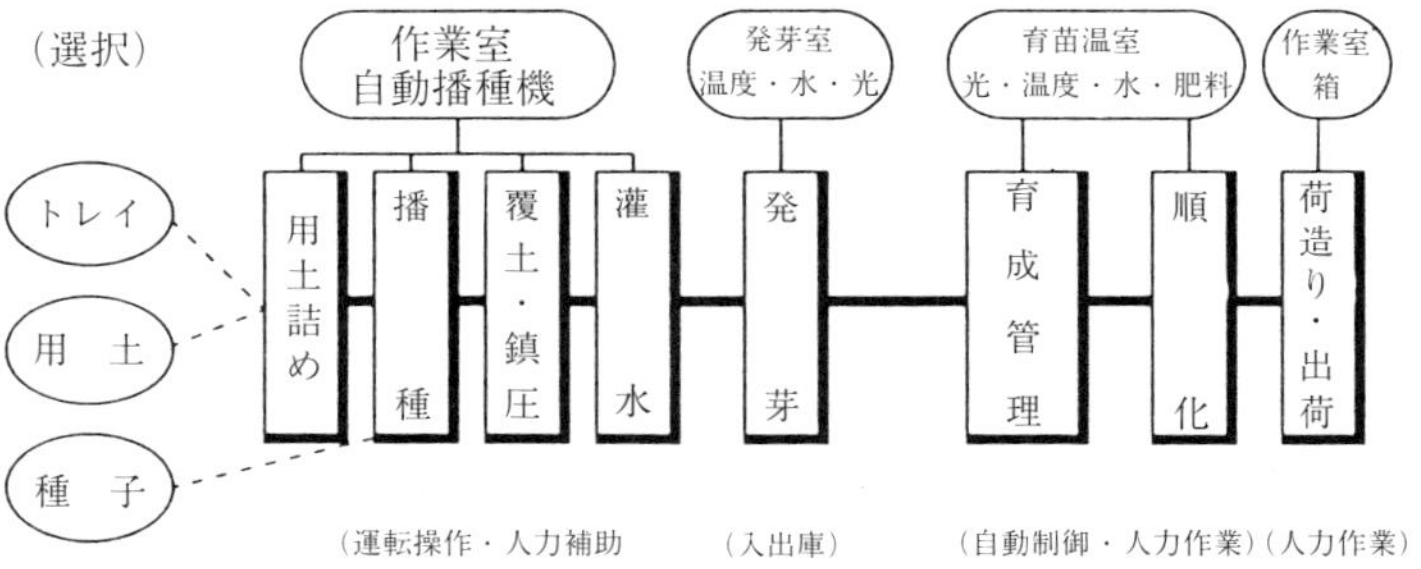

図52　セル成型苗生産のフローと関連施設・資材（板木）

その内容を少し具体的に紹介しますと、主材となるトレイは、セル数（およそ五〇～五〇〇）、セルの形状（丸、角、深さなど）、寸法（二七～三〇×五五～六〇㎝）、材質などを異にする多数の種類・銘柄があり、作物の種類、育苗日数などに応じて選定され、これに用いる好適な用土の選定・調整が行われます。作業は、トレイへの用土詰め、一連の播種作業（穴あけ、播種《はしゅ》、覆土《ふくど》、鎮圧《ちんあつ》、灌水）、作物の種類ごとの発芽の適温・適湿に制御された発芽室への入庫、発芽揃い後の出庫、育苗温室に移しての管理（灌水、液肥施用など）の順で行われ一貫したシステム構成がなされています。これらの中で、装置として特に重要な部分となるのは、トレイの中央部に一粒ずつ正確に種子をまくための播種機で、バイブレーション型、ドラム型、真空吸引型などがあり、目的に応じて選定されます。温室内には作業に便利で効率よくトレイを配置できる高設のベンチが設けられています。

現在国内に設置されている施設は、温室一〇数棟で面積数千㎡、苗の生産本数が数百万本以上に及ぶものから、一～二棟、数百㎡、数万本程度の規模まであり、様態は極めて多様です。

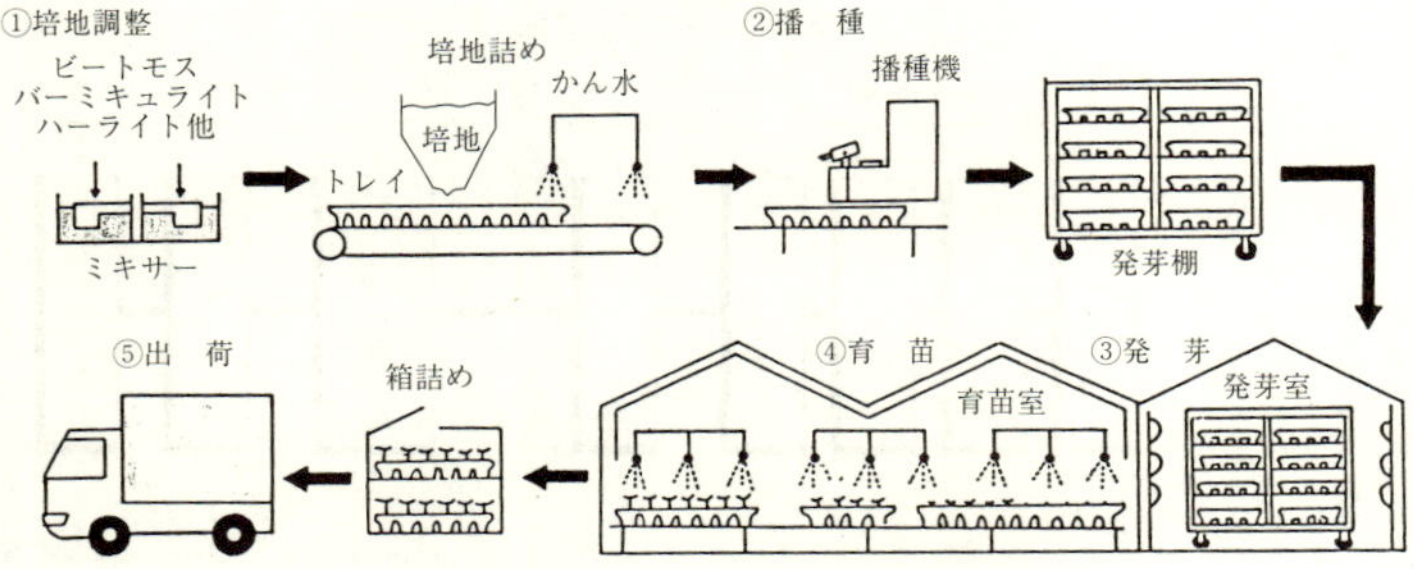

図53　大量セル生産システム（サニープラグ苗）

このような施設で野菜・花の各種の苗が、主として生産農家の委託育苗予約の形で生産されているのです。出来上がった苗はダンボール箱に詰められて、簡単に、どこへでも、場合によっては宅配便でも輸送できるようになってきました。

(四)　接ぎ木苗生産の簡易・省力化
―すすむロボットの実用化

果菜類の栽培においては、今や接ぎ木が不可欠の技術になってきました。それは経済性の高い、栽培に適した種類を、毎年同じところに作付けすることによって生じる、土壌伝染性の病害を回避したり、低温や高温に対する強健性をつけたり、場合によっては果実の形質を変えたりするのに、台木の力を借りるためです。

接ぎ木の利用は、スイカが最も早く約八〇年前にユウガオ台に、ついでナスが約七〇年前にヒラナス台に、メロンが約五〇年前にカボチャ台に、キュウリが約四〇年前にカボチャ台に、そして比較的新しいトマトが約三〇年前に種間雑種のトマト台として、それぞれ実用化され、施設園芸が盛んになるにつれて、その普及率が一層高まってきました。そして、施設が固定化するにつれて土壌病害虫が増えるのに対し、より難しい時期に、より品質のよい品種を用いた栽培が行えるようになってきました。

さらに最近に至っては、土壌消毒の農薬の使用規制が進むにつれて、農薬を用いず、生物機能により病害虫が回避される技術として高い評価を得るようになったことも追い風になっています。今では施設園芸のスイカ、ナス、キュウリのほとんどにおいてとトマトの約半数が接ぎ木苗を用いており、世界で最も接ぎ木への依存度の高い国となっています。

このように重要な接ぎ木苗ですが、その育苗には、大変に柔らかな苗の穂木《ほぎ》を切り削いだり、台木を切り割いたり、それに穂木を挿し込んだりする接合操作や、その後の温度・光線・湿度などを調節する養生管理、そして苗の仕上げなどに、熟達した技術と細やかな神経をを使わなくてはならず、また多くの労力を必要とし、農家の高齢化や労力不足が顕著になるにつれ、一層大きな問題となり、昭和年代の末期頃（一九八八〜）からその省力化について検討が進められ、幾つかの改善方式が生まれてきました。

それらの中で手接ぎ技術として最も普及したのは、私どもが開発したＪＡ全農式幼苗接ぎ木苗生産システムといってよいでしょう。その方法は、前出のセル成型苗の方法で揃って作り上げた穂木・台木を用い、苗が小さなうち（トマト・ナスの場合、慣行法では本葉四〜五枚、茎径三〜四㎜の箸ぐらいの太さ、本法はそれぞれ一・五枚、一・五〜二㎜の妻楊枝の太さのとき）に、台木・穂木ともに斜め三〇度に切断し、チューブ状の支持具で固定する単純な接合操作とし、その後の養生は、温度・光線・湿度・風速を最適値に自動制御された装置内に搬入して、天候に支配されることなく安定して行うものです。慣行法が熟練を要するのに対し、本法は未経験者でもすぐに習得でき、所要時間も二分の一以下（一日当たり約五〇〇本に対して約一〇〇〇本以上）で済むという特徴が認められ、育苗センターなどの大量生産の技術として広まりはじめ、平成年代（一九八九～）に入って本格的に普及（本方式は一六〇余装置、類似のものを含めると三〇〇以上か）し、その後省力的接ぎ木の代表的な役割を果たし続けています。

なお一層の量産化のためには、機械接ぎへの移行が考えられ、近年、種々な接ぎ木装置、いわゆる接ぎ木ロボットの開発が進められてきています。簡単なものは人力作業をサポートするだけの機械から、苗の方向決め・取り付けは人力で行い、切断・接合・固定を自動で行う半自動式（三人作業で一時間当たり五五〇～八〇〇本、価格約七〇〇万円）、配列された苗が自動的に送り込まれ、切断・接合・固定が行われて、順次排出される自動式（一人作業で一時間当たり八〇〇～一二〇〇、本価格九〇〇～一八〇〇万円）などです。平成三（一九九一）年頃から市販されはじめ、現在半自動式は本格的に普及し、約一〇〇台余が普及してきましたが、全自動式についてはごく先進的な育苗センター、育苗業者などに約一〇台余が導入されています。

装置が高価なので稼働率を含めたコストの点が問題であり、また、ロボットに適する規格化された苗の供給が難しく、本格的な普及には至っておりません。今後条件に合った形状の元苗の生産が

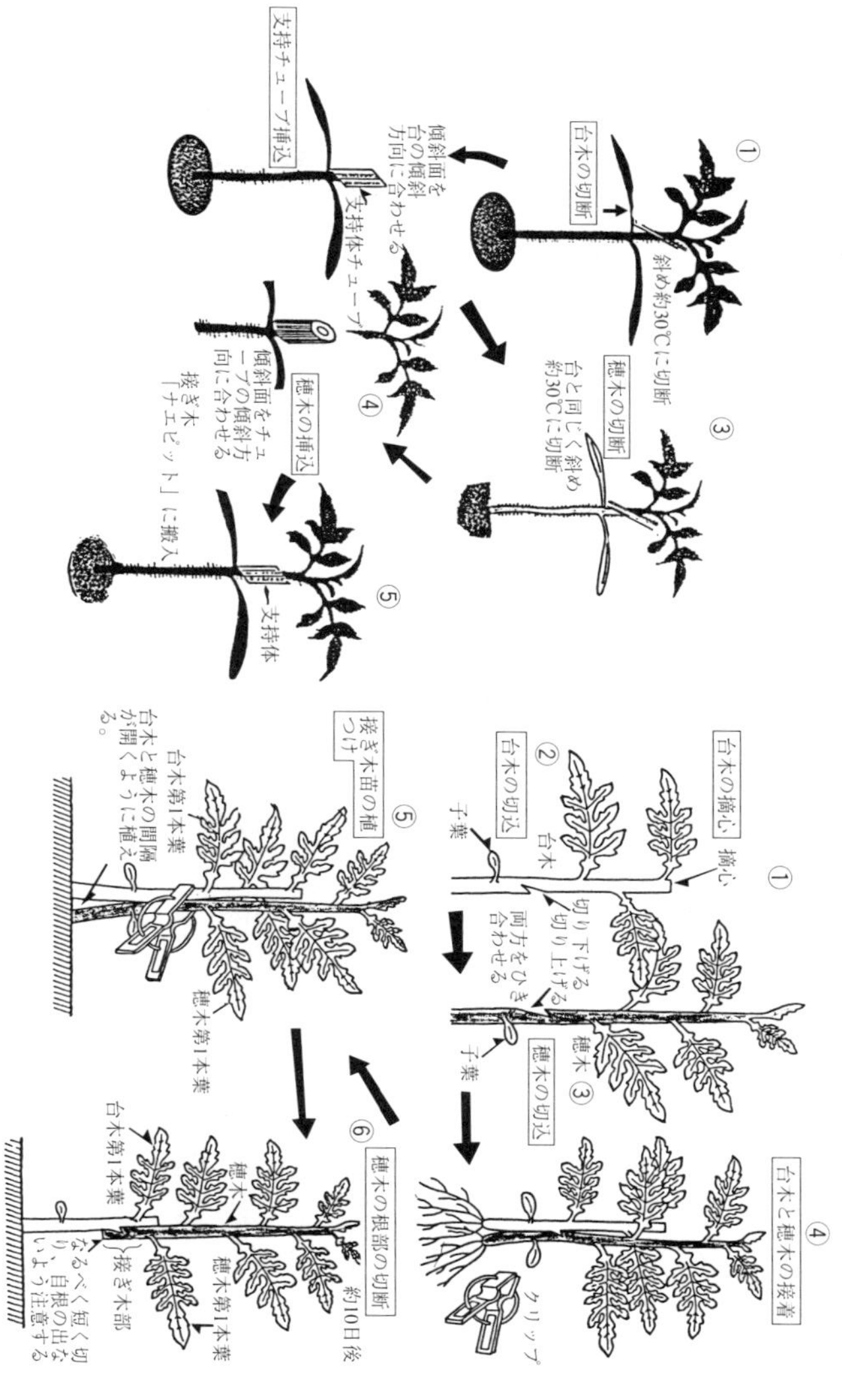

改良された幼苗斜め合わせ接(板木)

慣行の呼び接

図54　トマトの接ぎ木方法

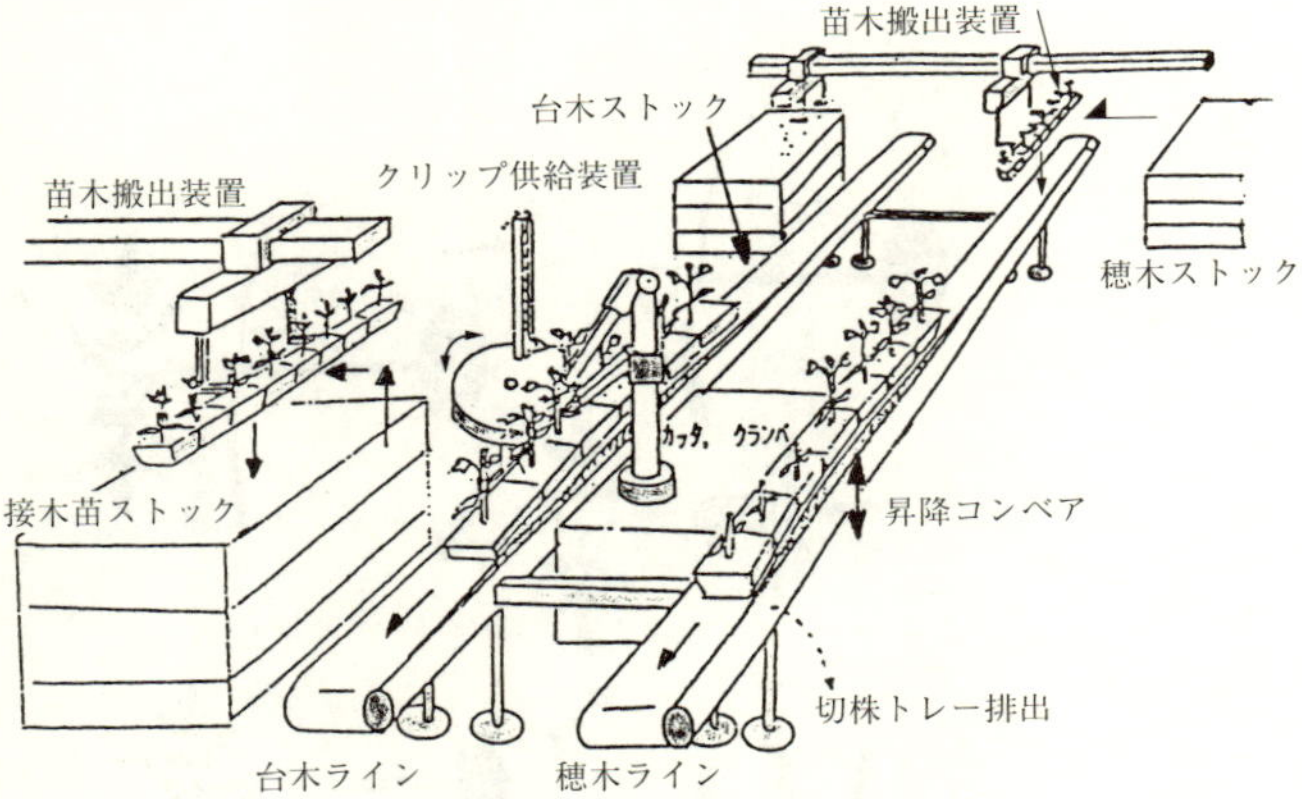

図55　接ぎ木ロボットの一例
(三菱農機つぐぞうくん)

容易にできるようになるかどうかによって、普及が大いに支配されるものと思われます。

(五)　増える流通苗の利用、これからの供給者はだれか

野菜苗全般にそうですが、特に育苗の困難性の高い果菜類の接ぎ木苗については、高齢化や新しい後継者の参入、規模拡大に伴う労力不足から、自家育苗から流通している苗を購入、または委託育苗に切り変える農家が年々増えてきました。その苗の供給者は誰かといいますと、先ず、古くから全国各地に存在し、接ぎ木苗を主体に生産している育苗業者があります。現在年間約一二〇〇万本を最高に、数百万本が三～四社、二〇〇～三〇〇万本が一〇数社、その他小規模が数十社あり、大きくは全国各地に、小さくは近傍に苗を供給しています。

平成年代にはいってからは各地の農協、経済連な

どのJA系統の苗供給センターが全国に約四〇〇数十か所設置され、大きくは二〇〇～三〇〇万本、大多数は数万～一〇万本程度の苗を組合員に供給しています。この他に先駆的にセル苗を導入、接ぎ木苗の生産を加えてきた苗企業が数社、大手種苗会社系企業が数社、全国的に供給しています。これらを合わせる現在の苗の供給量はおおむね一億本、多くてそれより一～二割増ぐらいと想定されます。現在、実際に利用されている接ぎ木苗の総数は約六億本と推測されていますので、それが購入苗にどれぐらい移行するかは簡単には予想できませんが、現在の約二〇％よりは相当増えるとすると、接ぎ木苗の生産は伸びる需要にとても追いつかないという事態がおき、なお一層の省力・大量生産技術の開発が必要と思われます。来たるべき時代のこれらの苗生産の担い手はどうなっていくものでしょうか。各国に先駆けて開発が進められてきている接ぎ木ロボットなどが、低コスト化に真の力を発揮し、国際的に優位な生産を持続することが大変重要になってきたと思われます。

四　養液栽培―土を用いず培養液で野菜を育てる技術

(一)　養液栽培の起源をたどれば

肥料分を含んだ水を与え、あるいは水中に根を張らせて植物を栽培しはじめたのは、歴史的にみると極めて古いことで、古代オリエントの都市パピロンでは王宮の屋上で草木を育て、メキシコのアステカや中国では、湖の上に筏《いかだ》などを浮かべて植物を栽培したとされています。また、紀元前数百年のエジプトの象形文字は、植物を水で栽培したことを伝えています。これらのことから水耕の起源は、古代にまで遡るようであります。

　一九世紀に入ってからは植物に必要な無機栄養を含む水溶液により植物を育てる栄養学の研究が行われはじめ、一九世紀半ばには無機養分を溶かした培養液だけで植物を栽培することに成功し、植物栄養学や植物生理学の実験手法として盛んに用いられるようになりました。これが今日にいう養液栽培のうちの水耕の始まりです。

　この水耕を実験レベルから実用的な大規模栽培に応用しようという試みは、昭和年代初期に米国カリフォルニア農業試験場のゲーリック氏により、はじ

家庭でできる簡易な水耕

　魚屋で、ふた付きのポリトロを手に入れます。ふたがなければ別の箱をつぶして、ふたにします。

　このふたに径五センチほどの穴を一五～二〇センチ間隔にあけ、サラダナ、ネギ、ミツバなどの苗の根を穴にさし込みます。苗は、発泡スチロールの切れはしで固定しておきます。

　ポリトロには八分目ほど市販の培養液を蓄え、そのなかに根の一部が水面上の空気中にでるようにして根をひたします。日がたつにつれて培養液は減少するので、減少した分だけ一～二日おきに水を補い、一週間に一回ほど、減量分を培養液で補ってやります。

　苗はたねまきのときから土を使わず、砂または砂利《じゃり》、もみがら燻炭《くんたん》などで育てるのが最良ですが、家庭では手数がかかり過ぎますので、市販の育苗用土で育てた苗を用います。

　また、ネギやミツバ、クレソンなら八百屋で買ってきたものの使い残りの根株を用いて再生栽培すればいちばん簡単です。

められました。やがて昭和一〇年代半ばには、米国の石油会社によってカスピ海の島で大規模な生産が開始されました。その後この技術は第二次大戦中に、太平洋地域の農耕不能の島々で、米軍軍人に対する生鮮野菜供給のために、専ら軍事用として役立てられてきました。

その延長として米軍は、戦後生鮮野菜の供給基地として、東京都調布市に二二ヘクタール、滋賀県大津市に一〇ヘクタールの、当時世界一の規模といわれた礫耕《れき》（礫＝小石を用いた養液栽培）の大農場が建設され、そこには日本人技術者も多数雇用され、昭和二二年から洋菜類を主として栽培が開始されました。しかし、これらはすべて軍事用であり、わが国の野菜が清浄に生産されるようになるにつれてすべて廃止されてしまいました。

その後、この農場をモデルにした礫耕《れき》の実用施設が、調布や大津の近傍に、日本人の手により二か所ほど設けられ、サラダ菜の生産が行われましたが、いずれも経営面において行き詰まり、定着するには至りませんでした。

一方、当時の農林省園芸試験場においては、昭和三〇年代半ばに入って急増を続けていたハウス栽培における連作障害の回避や施肥の合理化、灌水など諸管理の省力化をねらう手段として、この礫耕《レキ》に着目し、装置の基準化・培養液循環の自動化・培養液処方や成分補正法などについて研究し、その実用化を図り、昭和三六（一九六一）年にはこの方式による施設・栽培がはじめて静岡県下の農家に設置されました。わが国第一号の養液栽培施設の誕生です。

表 5　養液栽培の発達経過（板木）

年　次	主　要　事　項	主な栽培方式
1960年代	・礫耕の実用化（'60） ・礫耕先進農家に普及 　礫耕病害発生や礫入手難で伸びなやむ ・養液循環式水耕開発（'69）	礫耕（自家施工型） 久留米式循環水耕
1970年代	・メーカープラント水耕方式上市普及はじまる 　石油ショックで普及停滞 ・簡易水耕方式開発 ・新方式開発活発化 ・浮き根式水耕開発	クボタプラント，協和ハイポニカ，M式 くん炭耕，神園式，京都改良型 等量交換式，サンスイ式
1980年代	・NFT導入はじまる． ・ロックウール耕導入はじまる ・NFTの各種メーカープラント開発，普及 ・ロックウールの各種メーカープラント開発，普及 　導入作物の種類拡大がすすむ（新野菜，イチゴ） ・毛管式水耕方式の実用化，普及はじまる	 みかどNFT，さか，SS水耕 ロックファイバー栽培，誠和式 エアリッチ方式，全農式 ハッシブ水耕，JT式
1990年代	・高架式，立体式栽培方式の開発 　閉鎖型栽培システムの検討 　花き栽培への利用拡大がすすむ（バラ，他） ・海外の生産システムの直輸入はじまる	誠和式，M式，パーパス式

(二)「土はなくても野菜が育つ」に感嘆、世界ではじめて礫《れき》耕が農家に

今まで大変に難しかったキュウリやトマトが、礫を入れた鉢に苗を植え培養液を二cmほど湛えたベッドに浸しておくだけで極めて簡単に育苗でき、その苗を、礫を入れた幅八〇cm、深さ三〇cm、長さ三〇m内外の多数列のベッドに植えて、ポンプと制御器により自動的に一日三〜五回培養液を注ぎ込み、地下に設けられたタンクとの間を循環することにより容易に栽培できるのです。それは当時としては画期的なことで、土がなくても野菜ができるとして大いに注目され、試験場には全国から

ひっきりなしに見学者が押し寄せるほどでした。

昭和三七年頃から全国各地の先駆的農家において、この礫《れき》耕が導入され、その数は三〇〇戸以上にもなり、世界的にも例を見ない養液栽培の普及国となったのです。施設費は相当高額なものでしたが、連作障害による土壌病害の回避と灌水・耕耘・除草などの省力化が大きな魅力であったからです。

(三) メーカー方式の水耕プラントが誕生―本格的な普及へ

礫《れき》耕施設の増設がはじまって数年の間は、順調に伸びてきた礫《れき》耕でしたが、各地に設置されるようになって間もなく、一番大事な河川礫の採取規制がはじまり、好適な大きさのビリ（大豆粒より少し大きい礫）の入手が次第に困難になり、価格も高騰し、また、礫の取り扱いの困難さ（洗浄・消毒など）による労力のかかり過ぎのため、思うような規模拡大もできにくいという問題が生じてきました。この解決策として、当時別の研究目的で農林水産省園芸試験場久留米支場で開発が進められていた、礫を用いないで栽培する循環式水耕が注目され、昭和四五年頃から相次いで、メーカーにより開発された水耕の新しいプラントが上市《じょうし》され、それまでの現場施工式の装置から、工場で成型され現場で組み立て設置するだけの規格化されたメーカープラント式の装置に急速に変って、本格的に普及してきました。

それまで養液栽培で生産される野菜の種類は、キュウリが主で、その他トマト、メロンなど一部の野菜類に限られていましたが、プラント方式の水耕が普及するにつれて、ミツバ、レタス、ネギなどの葉菜類へと種類が広がってきました。つくばで開かれた科学万博の会場にあるメーカーの水耕プラントの長期栽培トマトが、一株から一万三千個とれるとして展示され、世の注目を集めたのも、この時代のことでした。

㈣　ＮＦＴ、ロックウール耕の導入で新しい発展の時代へ

礫耕の実用化の起こりは研究機関の研究によるものでしたが、本格的な普及はメーカー主導で行われることになったわが国の養液栽培は、装置費が相当高額なものとなっていました。高度経済成長のなかでは順調に成長していましたが、二度にわたる石油危機をうけて安定成長時代になるにつれ、コスト高が一層問題になり、低廉な方式が求められるようになりました。

このような中で、昭和五五～五八年頃、国内の大学や関係研究機関では、イギリスでクーパー氏により開発され、諸国に普及しつつあったＮＦＴ（薄膜水耕）、デンマークのグローダン社で開発、オランダに急速にのびはじめていたロックウール耕に関心がもたれ、それらの、わが国の気象条件下での実用性の検討が開始されました。いずれもそれまで課題とされていた装置の簡易性と施設費の低廉《ていれん》さが大きな魅力となったからです。

それぞれ目的とする特徴が認められ、気象条件に対しての改良も行われて、関心が高まり間もなく導入が始まりました。とくにロックウール耕の方法は国内において製鉄の際に多量に生じる鉱滓《こうさい》が活用できることから関係業界での関心も高まり、また、オランダやデンマークからの輸入も行われ、ハイテク農業技術として、養液栽培はかって見なかったほどに活性化してきました。

(五)　現在の代表的方式その特徴

湛液型水耕

培養液を貯えるタンクと作物を植えるベッドの両方または片方に、多量の培養液を湛《たた》えておき、これを間欠的にポンプで強制循環させるか、あるいはベッドごとに交互に液を交換する方式です。循環の途中に曝気《ばっき》装置を設け、液中への溶存酸素を高めたり、液に流れをつくることにより根への酸素供給の効率をよくしたり、あるいは間欠的にベッド内の液深を浅くして、根を直接空気にさらし豊富に酸素を与えたりするなど、機種によって独特な方法が用いられています。

この方式は日本で発達したもので、代表的なものとしては協和式ハイポニカがあります。

NFT (Nutrient film technique)

緩やかな傾斜（七〇分の一）をつけたフィルム製の袋状のチャンネル（ベッドに相当するもの）内

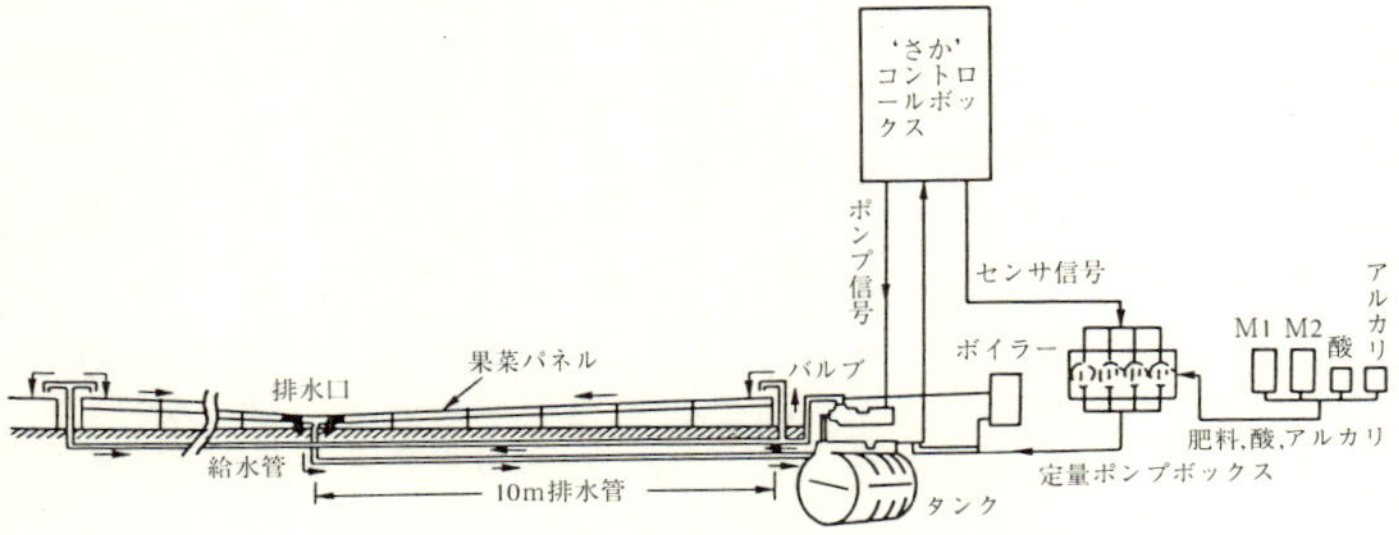

図56　ＮＦＴの一例（M式ＮＦＴさか）

に、上方から培養液を少量ずつ流下させて下方のタンクに集め、ポンプアップして再び上方から流下、この循環を繰り返しながら作物を育てる方式です。他の方式に較べてベッドに当たるチャンネルは、単にフィルムを敷き根を包むように下だけのもので、極めて簡易であり、液流は一～二cmと浅く、大部分の根は常時大気にさらされているので根に対する酸素補給は自然に行われるものです。生育に必要な水と肥料栄養と酸素の供給を、最もシンプルな形でシステム化したものであり、数多くある方式の中では極めて簡易化されたものです。現在上市されているものは、強度を高め設置しやすく、夏の高温や冬の保温など温度に対する緩衝度を高めているので、原型よりは成型部分が増え、メーカープラントとなりましたが、特徴は十分保たれています。

ロックウール耕

ロックウールというのは、玄武岩、鉱滓などを高温で溶融《ようゆう》し、高速遠心処理で繊維化し、浸水処理したものを一定のサイズに裁断してつくる、断熱材によく使われている資材です。養液栽培に用いる

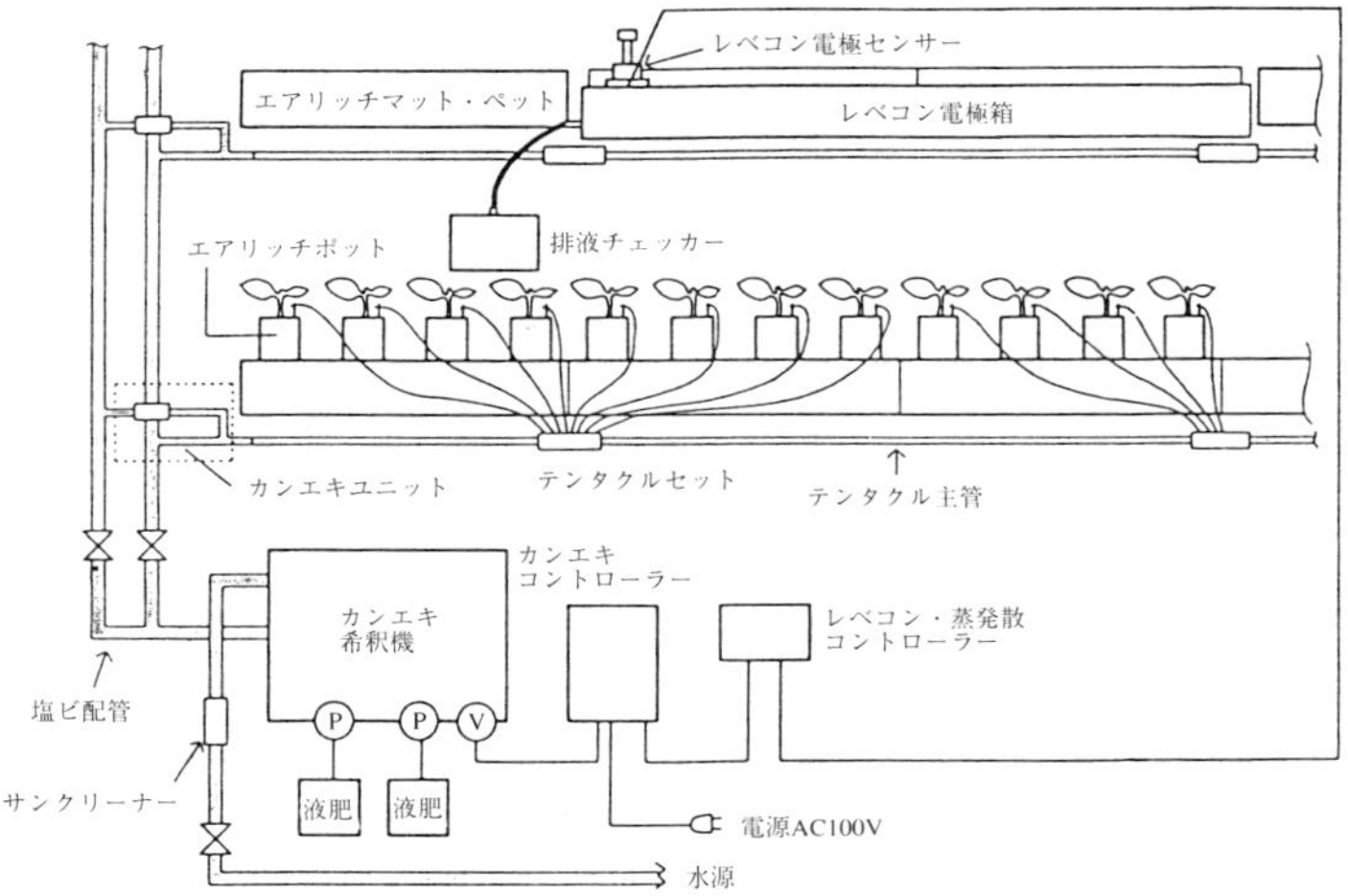

図57　ロックウール耕の一例
（太洋興業・エアリッチカンエキ方式）

ものは、育苗用（キューブ）として、多くは五～一〇cm角に、定植用（スラブ）として幅一五～三〇cm、長さ九〇cm、高さ七・五cmのものが用いられます。化学的に安定し、気相《きそう》（物体が気体になっている状態）が大きいため、適正な培養液を与えれば、根の生育に好適な環境を容易につくりだせる優れた特徴を備えています。

この方式では、フィルム、スチロール板、架台などで土と隔離し、その上にスラブを並べ、キューブで育てた苗を置き、苗の根の近くにチューブから培養液を点滴給液して作物を育てます。その際スラブから流れでた余分な液を、そのまま捨ててしまうかけ流し方式と、集めてタンクに戻し、再利用する循環方式があります。後者のほうが環境負荷が小さい点では優れていますが、

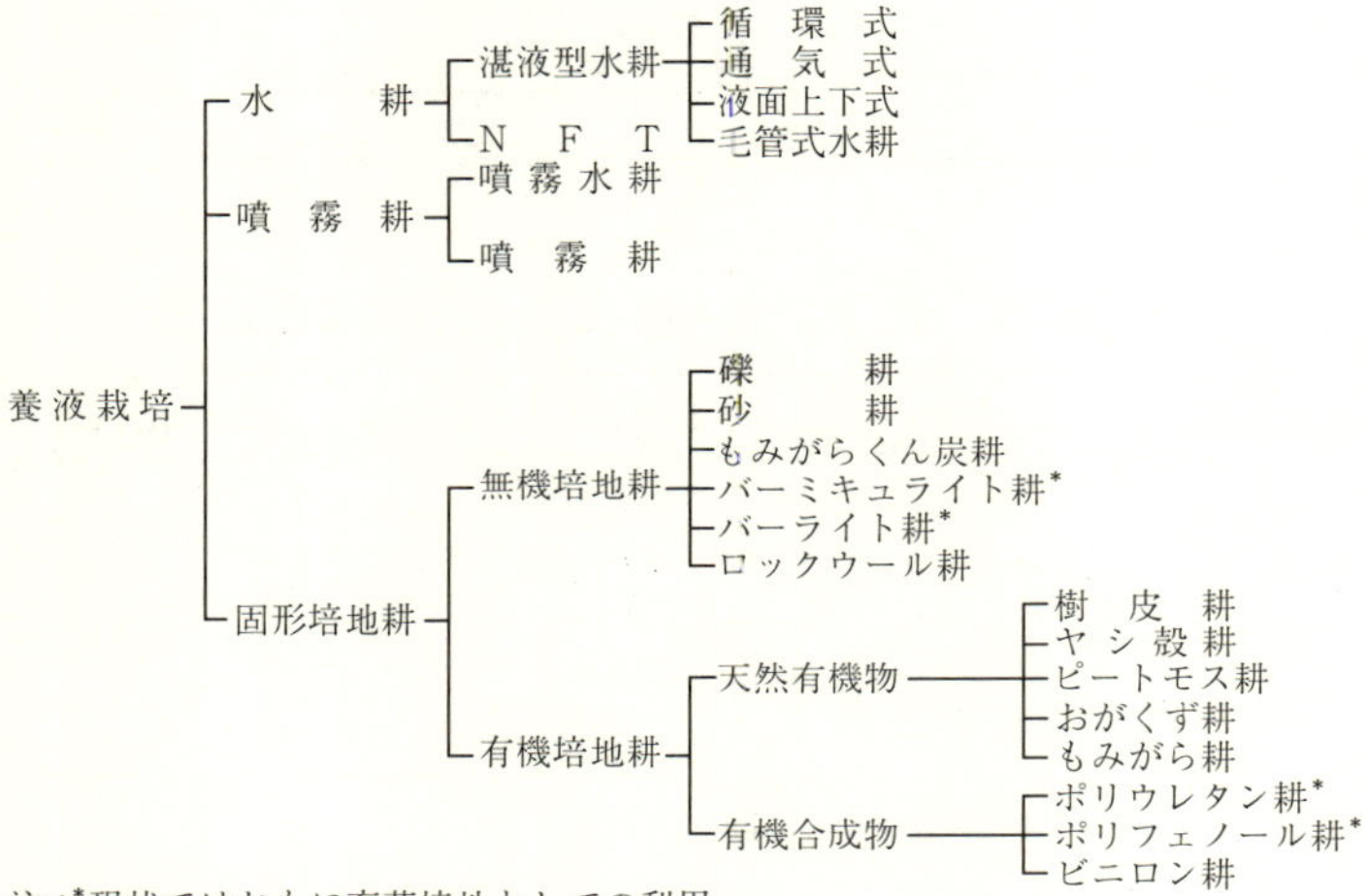

注：*現状ではおもに育苗培地としての利用

図58　溶液栽培方法の分類

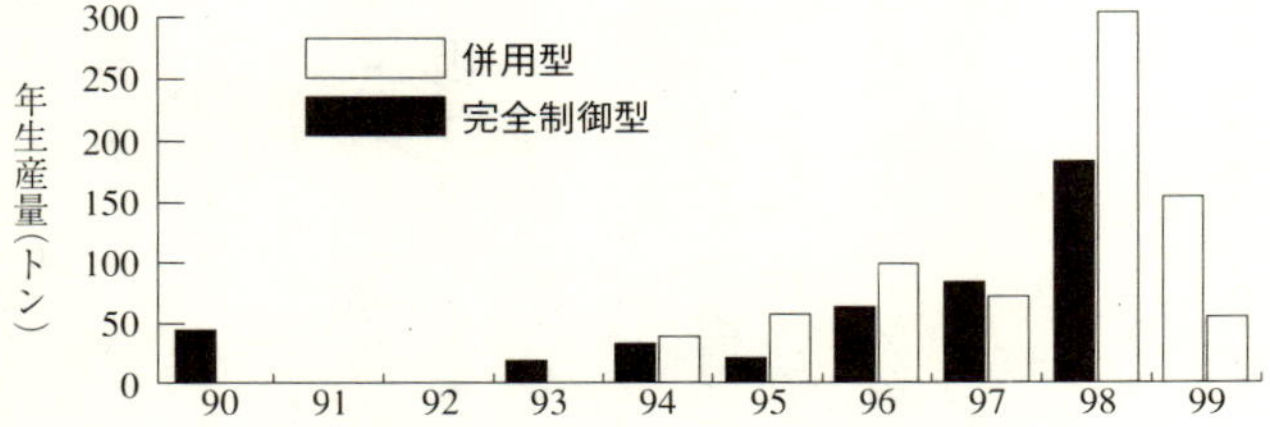

図59　営業運転植物工場開設年度推計（小倉）

設備費は高くなってきます。現在のところ一番多く普及しているのはこのロックウール耕です。

その他の方式

ロックウールの代わりに後処理しやすいピートモスや椰子殻《やし》繊維（ココピート）、樹皮（杉皮）を用いたり、毛管吸引性の抜群に優れたシート材を用い、あるいは円筒内に毛管吸引性の強い固形物を充塡したものを用いたりして栽培する毛管式水耕も、環境にやさしい、あるいは安価で安定した方式として徐々にのびてきています。また、培養液を根に間欠的に噴霧する噴霧水耕が、酸素供給が完全で作業しやすい方式として、人工光源による植物工場で利用されています。

(六)　養液栽培の魅力―普及の現状と今後の展開

養液栽培は、a・土壌条件の如何にかかわらずどこでも同じ地下部条件が得られ、b・連作障害に煩わされることなく長年にわたり再現性の高い栽培ができ、c・根圏環境の制御により作物の生育を制御して生産量・品質を高めることができ、d・耕耘、有機質補給、除草、土壌消毒などが省かれ省力的に、e・きれいな作業環境で、安全性を保ちながら、f・閉鎖系となるため肥料成分や水の使用が少なく、環境負荷を軽減することができる、などの特徴があります。現在、全国各地の先進農家、とくに若い後継者の経営に数多く導入され、おもにトマト、イチゴ、ミツバ、ネギ、サ

表6　養液栽培で実用に取り上げられた作物（板木）

種　類	1985年ごろまで	近年加わったもの
葉菜類	ミツバ・シュンギク・レタス・コマツナ・ネギ・サントウサイ・カイワレダイコン・パセリ・セルリー・エンツアイ・シソ	チンゲンサイ・キンサイ・ニラ・ホウレンソウ・アシタバ・スイゼンジナ・クレソン・モロヘイヤ・ハーブ類・ロケットサラダ
果菜類	トマト・キュウリ・メロン・ピーマン・ナス・スイカ・インゲン	ミニトマト・イチゴ・エダマメ・サヤエンドウ・オクラ・ニガウリ・トウガラシ
根菜類	ラディッシュ・小カブ	ワサビ
花き類	キク・ストック・カーネーション・バラ	ベゴニア・ガーベラ・トルコギキョウ・スイートピー・シクラメン・スタートス・アルストロメリア・コチョウラン

ラダナその他の野菜、花ではバラ、ガーベラ、カーネーションなどが栽培されています。また、大規模経営にその特徴が発揮されており、今後にかけられる期待は大きいものがあります。現在、大規模で工場的な野菜・花生産や植物工場と呼ばれる施設のほとんどは、地下部環境として養液栽培が用いられているといってよいでしょう。

しかし、施設園芸全体（五三・五一八ヘクタール）に占める養液栽培施設（一・〇五六ヘクタール）の割合は僅か二・〇％に過ぎず、実用化から今日に至る年数は、世界各国の中でも抜群に長いにもかかわらず、普及の足取りは極めて遅いのが実態であります。これには、わが国の農家が、家族経営であり規模が小さく、長期的な観点に立っての施設資本の投入が行われなかったことと、小さな市場に業者が多く参入したために、一企業としての商圏が小さく、過剰なサービスが装置を極めて高額なものにして、広範な普及を妨げていたという事情があるものと考えられます。

表 7　養液栽培施設の方式別・種類別設置実面積の推移（野菜）

（単位：ha）

資材名			平成元年	3年	7年	11年
方式別	水耕	たん液型	204	221	263	294
		NFT	67	84	99	119
	固型培地	れき耕	17	18	22	23
		砂耕	4	4	6	7
		ロックウール栽培	52	74	139	240
		その他	4	3	6	54
	噴霧耕		1	1	1	6
	その他		2	4	6	24
	計		**351**	**409**	**542**	**766**
種類別	トマト		177	210	261	337
	キュウリ		18	22	17	20
	イチゴ		16	21	31	103
	ミツバ		89	102	103	93
	サラダナ		9	18	27	34
	ネギ		19	20	50	76
	シソ		5	5	3	4
	カイワレダイコン		4	11	5	3
	その他		21	26	44	99
	計		**358**	**435**	**541**	**768**

施設園芸の先進国オランダは、わずか二〇年の短年月の間に、トマト、メロン、ピーマン（パプリカ）の六〇～八〇％が養液栽培に切り替わりました。そのオランダとは、立地・社会条件が大きく異なるにしても、今日、オランダの方式が、日本の農家にも導入され、格段に高い収量の実績を上げつつあ

ることは、これまでの在り方について大いに考えさせられるところであります。

今までに蓄積した技術や研究蓄積を結集して、より多くの農家の経営に取り入れられやすい養液栽培にすることが、今後の大きな課題といってよいでしょう。近年、イチゴの養液栽培が、簡易化と作業の効率化をねらいとして香川県をはじめとする西日本において関係者が一体となって改良を進め、地域に適合した実用性の高い方式をつくりあげ、普及面積を急伸させてきていることは、その好事例として注目すべきでありましょう。

有機栽培と養液栽培による野菜のちがい

根から与える栄養源からみると、両極端の栽培法だといえます。有機栽培では堆肥《たいひ》などの有機質材料だけを肥料として与え、それが分解して生じた肥料成分を作物が吸収するのに対して、養液栽培では、必要な成分のすべてを無機成分として与えるからです。しかし、直接根から吸収されるときには、成分間のバランスが多少違っても、生長に必要な必須成分がすべて栄養として吸収される点においては変わりません。そうでないと作物は正常に育たないからです。なお、有機栽培という呼称は、ＪＡＳ法の改正により平成十三（二〇〇一）年四月一日から一八八頁に記載の条件を備え認証された野菜にしか使うことができない名称になりましたので、詳細についてはその項を参照して下さい。肥料栄養だけでなく、他に多くの制約条件のある極めて広義のものとなっているからです。

第四章　輸入野菜と安心・安全な野菜作り

一　急増する輸入野菜、それにどう対処するのか

㈠　生鮮野菜の輸入は国産「タマネギ」の不作にはじまる

外国から輸入される野菜は、タマネギ、アスパラガス、ブロッコリー、カボチャのように生鮮品として輸入されるものと、バレイショ、エダマメ、トウモロコシのように冷凍品としてのものと、ショウガ、タケノコ、カンピョウ、トマトケチャップのように塩蔵、乾燥、酢調製、缶詰などのように加工品として輸入されるものなどがあります。また、生鮮品には常温で輸入されるものと一部の冷蔵で輸入されるものがあります。

生鮮野菜が量的にある程度まとまって輸入されるようになったのは、昭和三〇年代の後期に、国産タマネギの不作による端境《はざかい》期（一～四月ごろ）の不足分を補うために、台湾から輸入したことにはじまります。その後、昭和六二年頃までは国産品の作柄の善し悪しに応じて端境《はざかい》期を中心に輸入されてきたので、年による輸入量の変動は大きく、通常は数万トン程度でしたが、不作年の翌年の端境期に価格が高騰するとその三～四倍の一五～二〇万トン、国内全供給量の一五～二〇％に及ぶほどに増えたりしていました。

昭和六〇年代にはいってからは、概ね一〇万トン以下の量で推移し、北海道、佐賀県でタマネギ

表8　輸入タイプ別にみた輸入増加要因

輸入タイプ ＼ 増加要因	国内供給の不安定性 (a)	国内供給力の低下 (b)	円　高 (c)	定時定量定価格需要 (d)	低価格戦　略 (e)	品質の向　上 (f)
①不作時対応型	◎	○	△	△	△	×
②端境期対応型	×	△	○	○	○	○
③国産品競合型Ａ（価格差大）	○	○	◎	○	◎	◎
④国産品競合型Ｂ（品質差小）	○	○	○	◎	○	◎
⑤輸入依存型	×	×	○	×	△	△

（注）　1.上の表の，◎，○，△，×の順で，増加要因として重要.
　　　　2.農林水産省野菜振興課資料による.

の増反が進み、一時的な過剰で価格が下がった平成四年頃には輸入量はそれまでの最低レベルになりましたが、概して価格の変動も少なく、輸入は伸びないようにもみられました。しかし、平成六年から事情が一変し、それまでの三～四倍増の一八～二五万トンとなり、二〇万トン時代に入ってきた感がします。これには円高に支えられたことと、量販店、外食産業、加工業者の安価・安定希望の高まりや輸入タマネギの用途別分化（アメリカ産の大球種はギョウザ、シュウマイなどの加工、業務用、ニュージーランド産は一般消費用など）がすすみ、輸入ものが定着したことによるようです。価格と安定供給が輸入依存を高めていることは間違いない事実です。

タマネギは加工品としても輸入されています。乾燥ものがほとんどで、昭和六三（一九八八）年以降微増傾向にあり、その量は四千～五千トンです。これは生鮮品に換算するとその一〇倍の四～五万トンに相当し、価格も割安になるので、安定的に継続されるものと思われます。

タマネギの輸入が始まってから今日に到る間、タマネギの

表 9　主要野菜の用途別仕向割合（1995年）

（単位：%）

	家計仕向	加工仕向	外食仕向	その他
ホウレンソウ	54.9	6.7	30.5	7.9
ピーマン	54.7	0.1	40.3	4.9
カボチャ	53.4	7.5	35.2	4.0
トマト	48.7	44.0	5.9	1.4
キュウリ	48.5	24.8	19.8	7.0
ナス	45.3	10.3	40.3	4.1
ニンジン	44.9	21.8	27.3	6.0
サトイモ	44.1	13.7	35.3	6.9
キャベツ	41.7	3.6	37.7	17.0
レタス	38.7	0.0	44.2	17.1
タマネギ	38.3	11.6	41.2	9.0
ダイコン	33.4	29.1	31.4	6.0
ハクサイ	31.3	15.7	38.0	15.0
サツマイモ	14.3	0.0	40.8	44.8
ジャガイモ	12.1	11.5	34.3	42.0

資料：農林水産大臣官房調査課「食料需給表」，総務庁統計局「家計調査年報」，農水省統計情報部「野菜生産出荷統計」，野菜供給安定基金「野菜輸入の動向」から作成．

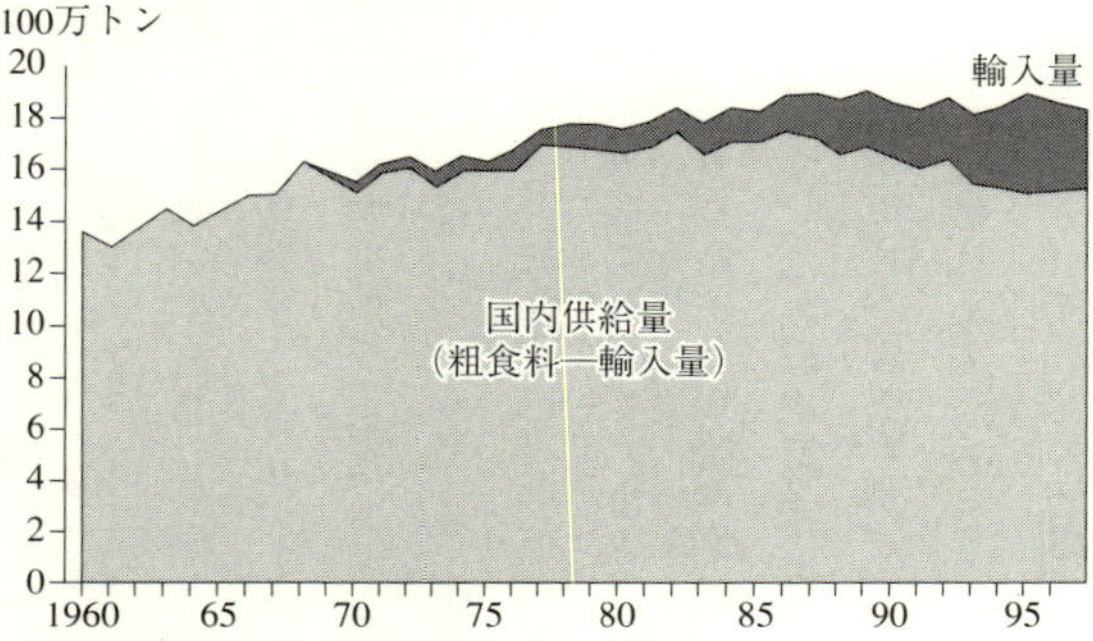

図60　わが国における野菜（含むイモ，キノコ）の供給量の推移
（資料：農林水産省官房調査課「食料需給表」から作製）

輸入量は他の野菜と比較して最も多く、輸入ものの代表野菜の座を占めてきています。しかし、一時はその七〇%以上を占めていましたが、その後他の野菜の輸入が増加するにつれてウエイトは下がり、平成十一（一九九九）年は生鮮野菜九二〇万トンの二四・三%、全野菜の二五六万トンの八・七%に下がってきています。

(二)　増える輸入野菜の種類

昭和六〇（一九八五）年以降、新たな種類の輸入が目立つようになりました。生鮮野菜でまず増えはじめたのはニュージーランド、メキシコ、トンガ、アメリカなどからのカボチャ、アメリカ、フィリッピンからのアスパラガス、中国、台湾、タイからのキヌサヤエンドウなどで、とくにカボチャとアスパラガスは昭和五五～六〇（一九八〇～八五）年の五年間に四～五倍に増える勢いで伸びてきました。いずれも需要が急速に伸びてきたことに併せて、開発輸入の努力の成果が現れたこと、輸送、鮮度保持技術が進歩したこと、円高がすすみ比較的安価で輸入できたこと、などが大きな支えになったためです。

これらに次いで、中国、台湾からのエダマメ、アメリカからのブロッコリーなどが増え始め、とくに平成四～五年以降からは中国を主とするニンジン、サトイモ、ショウガ、ネギ、ゴボウなどの、大量に輸入される野菜が急増してきました。特に中国からのネギは最近五年間に四倍増となっています。また、近年は、オランダ、続いて韓国からのパプリカ、新しく輸入解禁になったアメリカ、韓国からのトマトの輸入急増（最近三年間に三倍）があります。

これらの野菜の輸入が増えてきた背景には、外食、中食などに傾く食生活の変化とともに、緑黄色野菜、機能性野菜などの摂取をすすめる健康志向が大いに影響しています。また、冷凍エダマメ

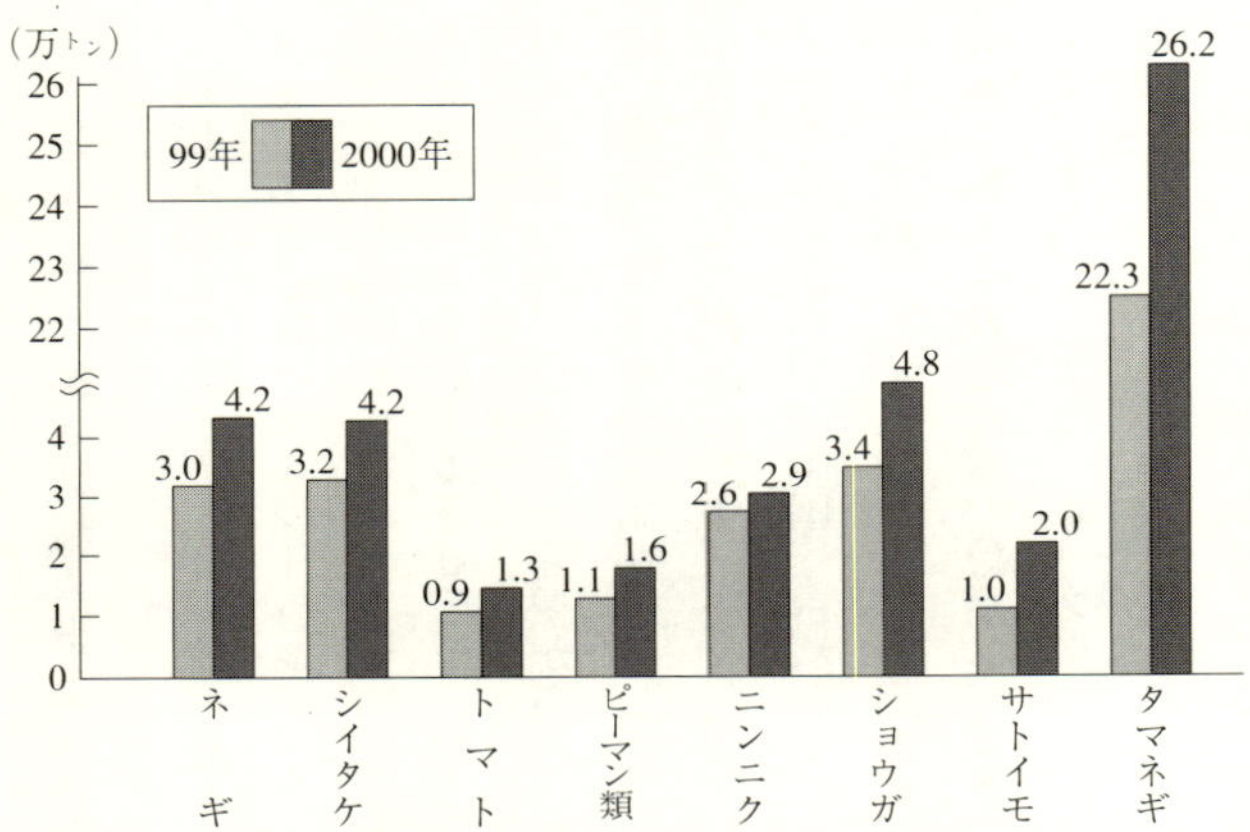

図61　最近輸入量の増加が著しい野菜（生鮮）
（財務省貿易統計より）

の消費増には、ビールが冬でも暖房室内で楽しめ、とくに女性の社会進出もあって多くの人に愛好されるようになったことと密接に関係しているものと思われます。国際交流が盛んになり、海外旅行に出かける人が多くなるにつれて、リーキ（ポアロ）やチコリー、ニンニクの芽、パプリカ、調理用トマト、トマト加工品などが増え、外食・中食の煮物などに用いられる、塩蔵のワラビ、コナス、レンコンなども増えてきています。

平成十一（一九九九）年の生鮮野菜として輸入されている種類の、多いもののベスト10を上げてると、一位タマネギ（生鮮野菜の輸入量に対するシェア二四・三％。以下同じ）、二位カボチャ（一六・七％）、三位ブロッコリー（九・九％）、四位ゴボウ（七・八％）、五位ニンジンおよびカブ（五・五％）、六位ショウガ、七位リーキその他ネギ属、八位ニンニク、九位アスパラガス、一〇位エンドウ、となります。

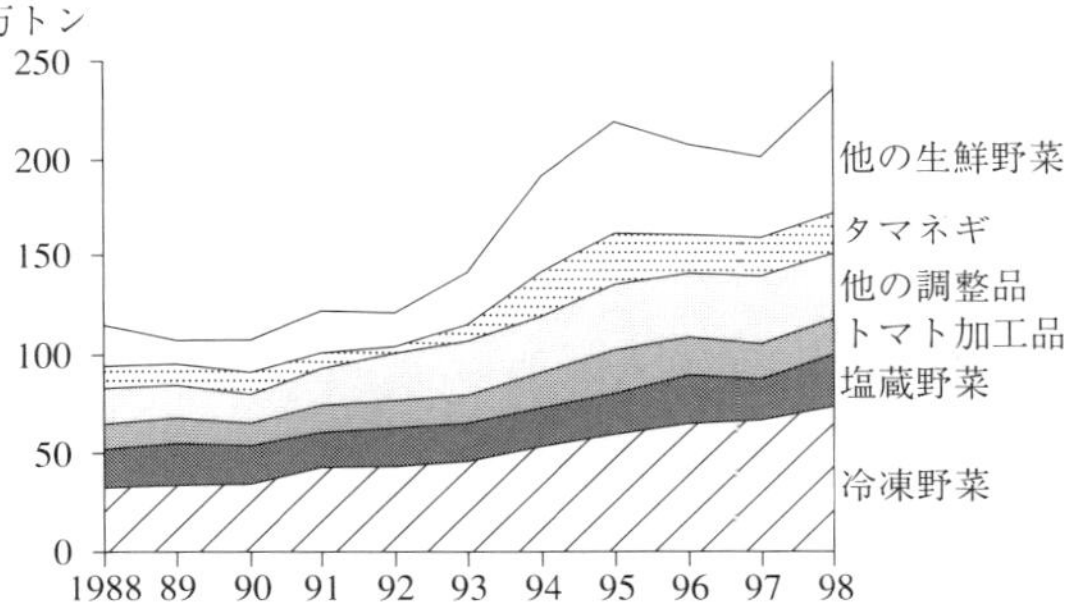

図62　野菜の形態別輸入量の推移
（資料：農林水産省「農業白書」付属統計表）

同じく冷凍野菜でベスト5を上げれば一位バレイショ（冷凍野菜の輸入量にたいするシェア三六・四%）、二位エダマメ（二五・六%）、三位サトイモ（九・五%）、四位イチゴ（六・八%）、五位エンドウ（六・八%）となります。同じく塩蔵等野菜のベスト5を上げれば一位キュウリおよびガーキン（二九・八%）、二位ショウガ（二四・二%）、三位ラッキョウ（八・二%）、四位レンコン（六・七%）、五位ワラビ（四・一%）となります。ちなみに平成十一（一九九九）年の生鮮野菜の総輸入量は九一万九七七六トン（全野菜輸入量の三五・九%）、冷凍野菜のそれは七七万三三三九トン（同三〇・二%）、塩蔵等野菜二四万八二九二トン（同九・六%）でした。この他に冷凍、酢調製、トマト加工品等があり、これが残りの二四・三%を占めています。

(三)　国産野菜からみた輸入野菜とそのタイプ分け

近年における野菜の総輸入量は、加工品も含めた生鮮換算

表10　形態別に見た代表的な輸入野菜と主な輸入先国（真崎）

生鮮で輸入されるもの	
タマネギ	アメリカ，ニュージーランド
カボチャ	ニュージーランド，メキシコ，トンガ，アメリカ，オーストラリア，バヌアツ
ブロッコリー	アメリカ
キャベツ(ブロッコリー以外)	台湾，オーストラリア，インドネシア，中国
アスパラガス	アメリカ,フィリピン,オーストラリア,メキシコ
生シイタケ	中国
マツタケ	中国,北朝鮮,韓国,カナダ,アメリカ,モロッコ
マメ類	中国，アメリカ，タイ，カナダ
ショウガ	中国，タイ
冷凍で輸入されるもの	
バレイショ	アメリカ，カナダ
エダマメ	台湾，中国，タイ
スイートコーン	アメリカ，ニュージーランド
ホウレンソウ	中国，フランス，アメリカ，台湾
ミックスベジタブル	アメリカ，ニュージーランド，中国
エンドウ	(きぬさや) 中国，台湾，タイ (グリンピース)ニュージーランド，アメリカ，オーストラリア
ササゲ・インゲンマメ属の豆	中国，タイ，アメリカ，台湾，ニュージーランド
サトイモ	中国
塩蔵，酢漬けで輸入されるもの	
キュウリ	中国
ナス	中国
ラッキョウ	中国，ベトナム
ワラビ	中国，ロシア，タイ，北朝鮮
ショウガ	タイ，中国，インドネシア，ベトナム，台湾，マレーシア
ウメ	台湾，中国
乾燥，缶詰，その他加工品として輸入されるもの	
乾シイタケ	中国
スイートコーン缶詰	アメリカ，ニュージーランド，カナダ
タケノコ缶詰	中国，タイ，台湾
トマト加工品	トルコ，イタリア，チリ，アメリカ，中国
マッシュルーム缶詰	中国，インドネシア

で二六四万トンであり、これは国内需要の約一六％に当たる（農林水産省野菜振興課）とされます。昭和五〇（一九七五）年にはそれはわずか一％でしかなかったのですからその増加ぶりには驚きますが、野菜の国内自給率は、輸入分の差し引きで判るように八四％を保っているので、他の農産物に較べると極めて高いということができます。そして、その野菜輸入量の約七割は、エダマメなどの冷凍品やキュウリなどの塩蔵品であり、それらは比較的安定した輸入が行われ、国内で供給できない部分（時期的に、価格的に）が補われているといってよいでしょう。

しかし、生鮮野菜の方は事情が違い、平成五～六年頃から増加傾向を強め、とくにこの二～三年来急増（平成一〇年は前年対比二九％、十一年は同二〇％、一二年は一九％増）してきており、平成一〇（一九九八）年にはすでに国内生産量の六・五％を占めるようになってきました。野菜の種類別にみると、ニンニクはその五六％、ブロッコリーは五一％、アスパラガスは四五％が輸入もので占められるようになってきました。また、数年前まではこれらにカボチャを加えた四品目の輸入量が全輸入量の六〇％以上を占めて、特定品目中心の輸入であったのですが、次第にそのウエイトは低下し、平成十一（一九九九）年にはこの四品目で四三％になってきています。このことは、それ以外の野菜の輸入が増え、品目が広がってきたことを物語っています。例えば中国産のネギ、韓国産のパプリカ、トマト、キュウリなどです。トマトは全量からみると少ないのですが、ミニトマトについては主産地愛知産に迫る量が国内市場に入荷しています。

農林水産省では、これらの輸入野菜を、国内産との関係からみて五つのタイプに性格づけしています。それはつぎの通りです。

㈠　不作時対応型　レタス、ニンジン、キャベツなど
㈡　端境期対応型　カボチャ、アスパラガス、ネギなど
㈢　国産品対応型Ａ（価格差大）ニンニク、ショウガ、サトイモなど
㈣　国産品対応型Ｂ（品質差小、安定調達可能）ブロッコリーなど
㈤　輸入依存型　チコリー、パプリカなど

㈣　輸入野菜に対して国内産地はどう対応するのか

近年における輸入増加の要因を、農林水産省ではつぎの六つに要約して、この要因を踏まえた着実な競争力強化対策を進めていく必要があるとされています。

㈠　国内の不作による高騰がみられたこと（国内供給の不安定性）。
㈡　長期的にみて国内供給力が低下傾向にあること。
㈢　円高により内外価格差が拡大したこと。
㈣　量販店など国内需要の多くが、年間を通じて定時・定量・低価格での仕入れを求めているのに対し、国産野菜の供給態勢が十分に応えていないこと。
㈤　円高と景気低迷が続く中で、外食産業や量販店を中心に低価格戦略（いわゆる価格破壊）

がとられていること。

㈥　輸送技術等の進歩により、輸入品の品質が向上してきたこと。

これらに対応して、それぞれの種類ごとにきめ細かな対応策が検討され、指針がたてられていますが、それは膨大なものですから、ここでは省略します。要するに産地を活性化して栽培技術をきちんとし、作柄の安定化をはかり、省力化、施設・資材等の効率的利用によりコストを低減し、生活者との交流を活発にしてそのニーズを正しくとらえ、産物の正しい姿のPRにつとめ、流通の仕方を改め、新鮮な、そして安心・安全な素姓を明かした野菜を提供することにあると思います。すべての野菜の原産地表示が法的に義務づけられ、まだ不完全であるにせよ輸入品と国産品の区別がつけやすくなり、あるいは一部の輸入品から国内基準を超える殺虫剤が検出されるなどで、生活者の購買行動にも若干の変化が伺われているようであります。

しかし、人々の健康、食べ物に関する認識が深まり、その知識は日々増えているにもかかわらず、現実的には健康的な食生活を送っていない、むしろそれに反比例した食志向がとられているところに、たいへん大きな問題があると思います。

野菜こそは他国に大きく頼らずに、いま以上の自給率を確保する方向に向けて、生産者・生活者ともども努力しなければならないと、痛切に感じている昨今です。

二　安全・安心な野菜作りをめざす

(一)　野菜は害虫や病害に弱く、多肥好み

野草や山草など自生植物から、食べる部分が多くて味がよく、人間に利用しやすい作物に改良された野菜は、次第に害虫や病害に狙われやすくなっており、その防除を必要とし、根の方も多くの収量を上げるために栄養を多く与えなければならないようになってきました。

そのために、明治以降、栽培が盛んになるにつれて、農薬や肥料が使われるようになってきました。農薬もはじめは、除虫菊やタバコなどの植物を原料とする除虫菊乳剤やニコチン剤、肥料は人糞尿や、家畜糞・稲わら・雑草などの自給できる有機質肥料でしたが、次第に海外から輸入した化学合成農薬や濃厚な有機質肥料、国内や海外で生産される化学肥料の利用割合、使用量が増えてきました。

第二次大戦が終ってすぐの昭和二〇（一九四五）年に、米軍によってもたらされた、人類の創造した化学合成殺虫剤の第一号といわれるＤＤＴは、あらゆる虫にといってよいほどの高い効果があり、続くＢＨＣ、毒性の高いパラチオン剤などの導入で、効果の範囲、持続性も高くなり、野菜栽

培も農薬多用の道を歩むことになりました。殺菌剤も同様でした。私も、学生時代の後期から、農薬の霧をたくさん浴び、口から吸い込みながら立派な野菜を育てるべく努めてきました。専業農家の被曝、吸口量は今にしてみれば大変なものでありました。

　やがて農薬が人間の体内に濃縮して蓄積し、長期的にみて危険なことや、自然環境に与える悪影響、人身事故などのマイナス面が問題化し、昭和四〇年代半ばにはこれらの農薬が使用禁止に至るという、大きな変革を迎え、使用基準が徹底され、残留基準に基づく検査が行われるようになってきました。そして今日に至る低農薬、少農薬、無農薬などの技術が重要視されるようになったのです。肥料についても化学肥料多用から、残留成分・量を調べて無駄を省き、効率的な施肥法に改めたり、有機質肥料に変えたりする技術方向の変換がなされてきました。現場で実用化されている主な方法について、以下に取

有機質肥料と無機質肥料

■有機質肥料

有機質肥料には、菜種油粕《あぶらかす》や大豆油粕などの油粕、魚粕《ぎょかす》、米糠《こめぬか》などがあります。堆肥《たいひ》や家畜糞《かちくふん》、バーク堆肥などにもこれと同じ成分が含まれていますが、成分は低いので、これだけで肥料効果をすべてまかなうというわけにはいきません。

■無機質肥料

無機質肥料は、天然の鉱物を利用したり、化学的に合成してつくりだした肥料です。このなかには、硫安《りゅうあん》や塩化加里《かり》のように、窒素成分や加里成分など、単一の成分だけを主に含んでいる単肥《たんぴ》と、化成《かせい》肥料のように、二〜三の成分を主に含んだ複合肥料があります。

■肥効の違い

有機質肥料よりも肥料の濃さや効き目の早さでは無機質肥料のほうが勝ります。しかし最近では、無機質肥料でも、効き目を遅く、長く効くようにした緩効性《かんこうせい》肥料が使われるようになってきました。

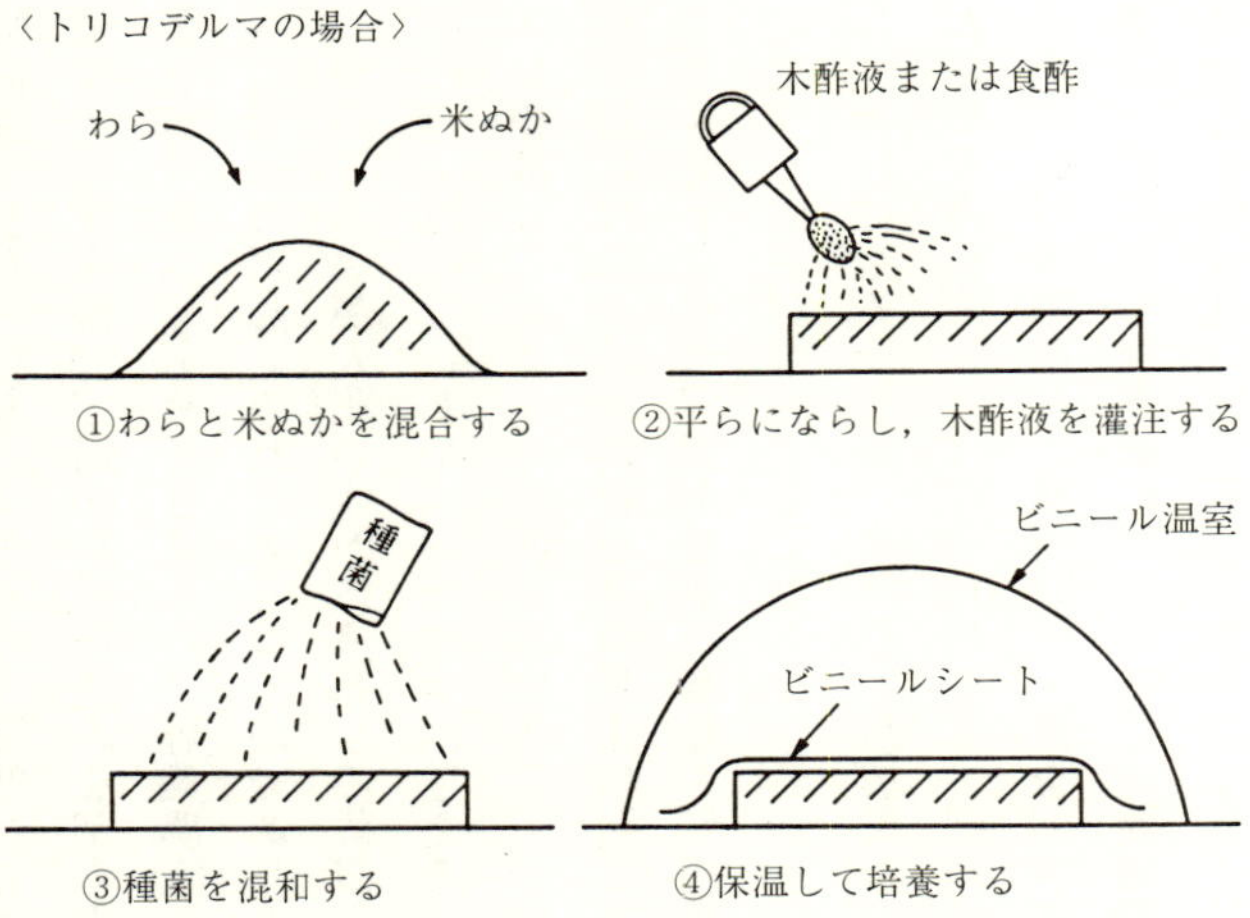

〈**バシラス**〉①のわらの替わりに骨粉を使う，②は木酢液ではなく水を使う
〈**アスペルギルス**（発酵菌）〉①の素材に穀粒（クズ米，クズムギなど），②は水または灰を溶かした水を使う
〈**ストレプトマイセス**（放線菌）〉①の素材をカニガアラと炭とする，②は水を使う

図63　拮抗微生物の簡易培養法（木嶋）

り上げてみましょう。

(二)　生物機能を活かして連作障害を回避

輪作

昔から同一作物を連作すると作柄が悪くなることは園芸農家においては広く知られており、一定期間の休閑や多作物との輪作などが行われてきました。

例えばエンドウは四～五年、トマト、ナス（ナス科）、ダイコン、ハクサイ（アブラナ科）などは三～四年、同じ畑にはつくらず、類縁関係のうすい作物、例えばイネ、ムギ、トウモロコシなどのイネ科作物、あ

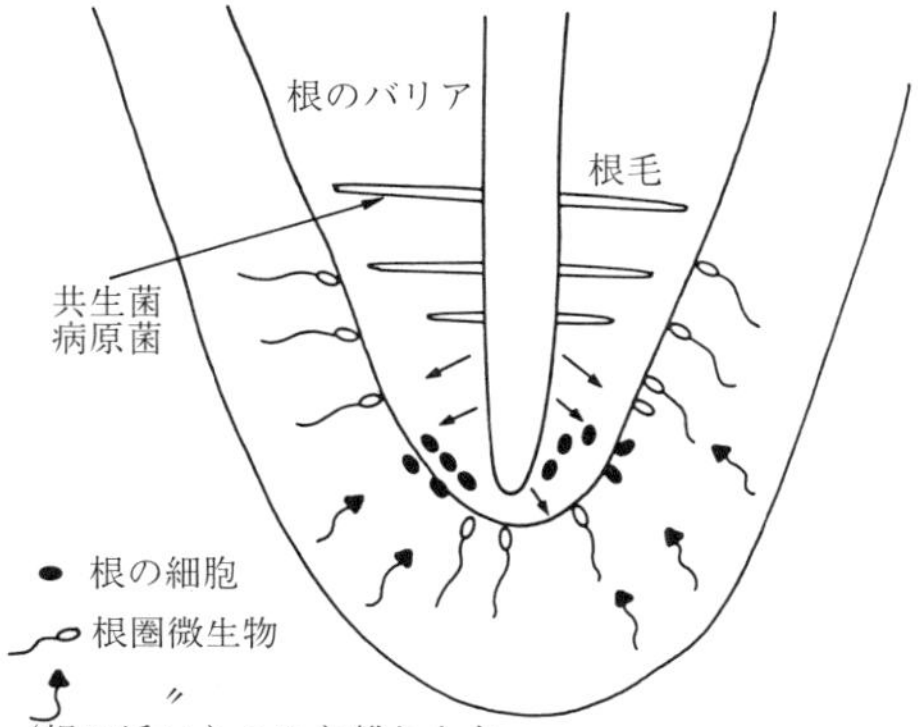

図64　根圏の微生物（木嶋）

るいは野菜でも上記の種類とは異なるネギ、ニラ（ユリ科）などを栽培したり、休閑したりするなど、工夫して輪栽されていました。連作障害の主な原因は、土壌中の有害微生物である病原菌の増加、加害です。その密度を減らすことにより野菜の健全な生育を助けます。また、積極的に、相性のよい野菜を近付けて混植し成育効果を上げることもできます。スイカとネギ、トマトとニラなどがよい例です。

拮抗微生物利用

根とその回りの根圏には、共生しているいる善玉菌と、病原となる悪玉菌があります。それを作物に好ましい状態にすることによって病害を抑えてしまう方法があります。善玉菌を土壌中から取り出して培養増殖し、根につけ、あるいは有機物資材に混ぜて活性化し、畑に施す方法を拮抗微生物利用と呼んでいます。

表11　ネギ，ニラとの相性（木嶋）

混植や輪作してよい作物

ネギ，ニラの区別	植物の所属	混植や輪作してよい作物
ネギ	ウリ科	キュウリ，ニウガオ，スイカ，カボチャ，プリンスメロン，マスクメロン
ニラ	ナス科	トマト，ナス，ピーマン，ジャガイモ
ネギ，ニラ	その他	ホウレンソウ，ゴボウ，エダマメ，イチゴ

▶イチゴは混植密度を上げると生育不良となるため注意が必要

混色や輪作すると悪い作物

作物名	混植や輪作すると生ずる主な障害
ダイコン	病害は少なくなるが，根（ダイコンとして収穫する部分）が枝分かれする．このため，ダイコンでなくなる
ハクサイ，キャベツ	栄養が競合し，生育不良となる
レタス	葉が黄化して生育不良となり結球が悪くなる

拮抗植物利用

土壌中の害虫も連作障害の発生原因の一つになる場合があります。ダイコンの根を加害し、著しく商品価値を下げてしまうキタネグサレセンチュウの防除に、その前作として夏の間に花のマリーゴールドをつくり、その茎葉を畑に鋤込んでおくと、それに含まれ、あるいは根から分泌された有害物質のために、線虫の発育を阻害または殺虫し、被害を減らすことができます。殺虫剤による消毒よりもむしろ効果が長持ちすることも確認されています。

接ぎ木苗の利用

接ぎ木による連作障害の回避については、先に取り上げたとおり果菜類では極めて多く利用され、この利用なくしては安定生産ができないほどに重要なのものになっています。

表12　日本で実用化されている天敵類（既登録のもの）

学　名	和　名	対象害虫
Encarsia formosa	オンシツツヤコバチ	コナジラミ類
Phytoseiulus persimilis	チリカブリダニ	ハダニ類
Dacnusa sibirica	ハモグリコマユバチ	ハモグリバエ類
Diglyphus isaea	イサエアヒメコバチ	
Aphidius colemani	コレマンアブラバチ	アブラムシ類
Aphidoletes aphidimyza	ショクガタマバエ	
Amblyseius cucumeris	ククメリスカブリダニ	アザミウマ類
Orius sauteri	ナミヒメハナカメムシ	

表13　農薬登録されている生物農薬

種　　名	対象病害虫（対象野菜）
オンシツツヤコバチ　（昆虫）	オンシツコナジラミ(トマト,キュウリ),タバココナジラミ(トマト)
イサエアヒメコバチ　（昆虫）	マメハモグリバエ(トマト)
ハモグリコマユバチ　（昆虫）	マメハモグリバエ(トマト)
コレマンアブラバチ　（昆虫）	アブラムシ類(イチゴ,キュウリ,スイカ,メロン)
チリカブリダニ　（ダニ）	ハダニ類(イチゴ,シソ,キュウリ,ナス,ブドウ)
ククメリスカブリダニ　（ダニ）	ミナミキイロアザミウマ(ナス,キュウリ),ミカンキイロアザミウマ(ピーマン)
ショクガタマバエ　（昆虫）	アブラムシ類(キュウリ)
ナミヒメハナカメムシ　（昆虫）	ミナミキイロアザミウマ(ピーマン),ミカンキイロアザミウマ(ピーマン)
パスツーリア・ペネトランス（細菌）	ネコブセンチュウ(トマト,キュウリ,カボチャ,メロン)
エルビニア・カルトボーラ　（細菌）	軟腐病(ハクサイ,ダイコン,バレイショ,キャベツ,タマネギ)
バチルス・チューリンゲンシス（細菌）	アオムシ,コナガ他(野菜類)
バチルス・ズブリチリス　（細菌）	灰色かび病(ナス,トマト)

注：平成12年５月15日現在

天敵の利用

天敵を利用する方法も施設園芸においては相当普及してきました。果樹の柑橘類に対する利用は八十数年の歴史がありますが、野菜は生育期間が短く、畑のまとまりが小さいために、条件が整わず、利用は進んでいませんでした。近年にいたり西欧の施設園芸で広く普及していた天敵を導入して検討され、平成七（一九九五）年にはトマトのオンシツコナジラミに対するオンシツツヤコバチ、イチゴのハダニ類に対するチリカブリダニの二種類について登録が許可されたことを契機として関心が高まりはじめました。

その後コナジラミ、ハダニについでハムグリバエ、アブラムシ、アザミウマへと適用種類が増え、現在、登録許可ずみの天敵は八種類に増えてきました。この利用に当っては、何時、どのような害虫の状態で使い始めるのか、室内環境の調節や病害防除用として必要な殺菌剤の散布との関係をどう調和させるのか、などの問題があり、これらを含めた総合防除法を開発することが急がれています。

性フェロモンの利用、他

自然界で昆虫の雌と雄が出逢うための信号として、一般的には雌の方が生産・放出している、特異なにおい物質の性フェロモンを、有害昆虫である害虫の防除に利用するものです。

合成した性フェロモンで雄を補殺して密度を下げ、雌の交尾の機会を減らし、産卵を少なくし、次世代の加害幼虫の密度を下げる雄除去法と、合成性フェロモンを空気中に揮散させ、雌雄の間の交信を撹乱して交尾率を下げ産卵を減らし、加害幼虫の密度を下げる交信撹乱法の二つがあります。前者はイモ類、マメ類、ナス科野菜などのハスモンヨトウに、後者はアブラナ科野菜のコナガ、ネギ、エンドウなど各種野菜のシロイチモンジヨトウなどに有効であり、それぞれ昭和五二、平成二（一九七七、一九九〇）年から実用化されています。その後いくつかの製剤が農薬登録され、集団産地で特定の害虫が大きな被害を与えているような場合に用いられ、大幅な薬剤使用量節減の効果が得られています。

この他施設園芸のトマトでは、マルハナバチを室内に放飼することにより、花粉の媒助を行なわせて着果を促し、ホルモン剤の使用を無くする方法も、数年来急速に普及してきています。最近ナスについ

野菜の大敵アブラムシ、コナガを防ぐネット被覆

ウイルスを運ぶアブラムシは、あらゆる野菜につくといってよいほどの難敵で、この防除は怠ることができません。いちばんの困りものは羽のある種類で、薬剤をかけてもすぐに飛来するので、じつに厄介です。

これを防ぐ方法として、野菜全体を小さな目の寒冷紗《かんれいしゃ》でトンネル状におおう方法や、うね面に光を反射させるシルバーのプラクチックフィルムを敷きつめる方法があります。

▶苗床にべたがけ資材または白寒冷紗《かんれいしゃ》をおおう。
▶ダイコン, コカブなどはたねまき後、畑におおう。

穴あきのシルバーフィルムでうねをおおい、たねまきや植えつけをする。

ても有効なことが認められています。

(三)　資材・機器材の利用

ガラス室やハウスでは開口部に防虫用のプラスチックネットを張ることで害虫の飛来を防ぐ方法が広くとり入れられ、防除薬剤の節減に大きな役割を果たしていますが、近年、室内に害虫を誘引付着させる資材をつるす方法をとる場合も増えています。また、露地の栽培においても、防暑や防寒を兼ねて、ネットやごく軽い不織布《ふしょくふ》、割繊維不織布《わりせんいふしょくふ》などのべた掛け資材を、野菜の頭上に直接、あるいはごく簡単な支えをして全面的に覆い、害虫の飛来を遮断する方法が、急速に、大面積に普及してきました。またアブラムシなどが反射光や特定の色調を嫌う性質を利用して、畝面に敷く反射マルチや畝間に張るテープ類なども利用されています。病害が発生しにくい特殊なマルチ資材も開発されてきました。

病害防除のためには、夏の休閑期に、地表全面に透明なフィルムを敷き詰め、晴天日に六〇〜七〇℃にも上昇する熱により殺菌する方法がハウス栽培において行われています。天候に左右されて効果が今ひとつ安定しないのが弱点ですが、水分や地面のかたちづくり、石灰窒素の併用などで効果を高める方法が採られます。積極的な方法としては、地中の一定の深さに三〇㎝間隔ぐらいに耐熱性のポリパイプ（内径二〇㎜ぐらい）を埋め、ボイラーで昇温した八〇℃ぐらいの熱水を通して地温を七〇℃以上に上げる、あるいは熱水を多量に灌《かん》注して同様に昇温する熱水土壌消毒法が、使用禁止になる土壌消毒剤臭化メチルの代替技術の一つとして注目され、新技術としてとり入れられはじめました。

㈣　関心が高まる有機栽培の野菜

薬剤による効果的な病害虫防除に加えて、肥効が高く作業しやすい肥料を使うようになり、野菜作りも化学物質に大きく依存するようになってきていましたが、昭和五〇年代になって、これを見直す機運が急速に高まってきました。その頃から動きの一つとして有機農法への関心が盛り上がってきたことについては多言を要しないところであります。

有機農法といえば、先進国の欧米では地力維持を基本とした循環型農法を基本としているようですが、わが国では化学物質依存への傾きを直そうという、公害からの脱出から始まったといわれております。野菜は毎日、直接口にすることが多いので、農薬や化学肥料を使わない有機栽培に関心が持たれてきました。

このような関心の高まりの中で、かなり高いレベルで有機栽培されているものと、無農薬に至るまえの減農薬のレベルで栽培されているものが混然となり、中にはラベルだけのものも現れ、流通段階や消費者の購買において混乱が生じてきました。その対応策として国は平成四（一九九二）年

図65　有機ＪＡＳマーク

に「有機農産物および特別栽培農産物に係る表示ガイドライン」を制定し、これを生産者や流通業者に守ってもらうよう啓発が行われてきました。これは徐々に認識され、それなりの効果は上がってきたようですが、法的な強制力がないために、限界があり、区別も紛らわしく、消費者に大歓迎というにはほど遠いものでしかなかったといってよいでしょう。

　有機栽培はここで新たな段階を迎えました。それは、平成一二（二〇〇〇）年六月に、ＪＡＳ法（農産物資の規格化および品質表示の適正化に関する法律）の一部を改正する法律が制定され、施行日を平成一三（二〇〇一）年四月一日として、大きく変りて動きはじめたからです。その内容を具体的に述べる余裕はありませんが、ほ場などの条件、ほ場などにおける肥培管理、有害動植物の防除、輸送、選別、調製、洗浄、包装、その他の工程に係る管理ならびに表示の方法について、極めて詳細に条件が決められたのです。したがって、これからは、国の登録を受けた認証機関の厳しい認定をパスした、国際的にも通用する本当の有機栽培ものしか有機、またはオーガニックという表示で

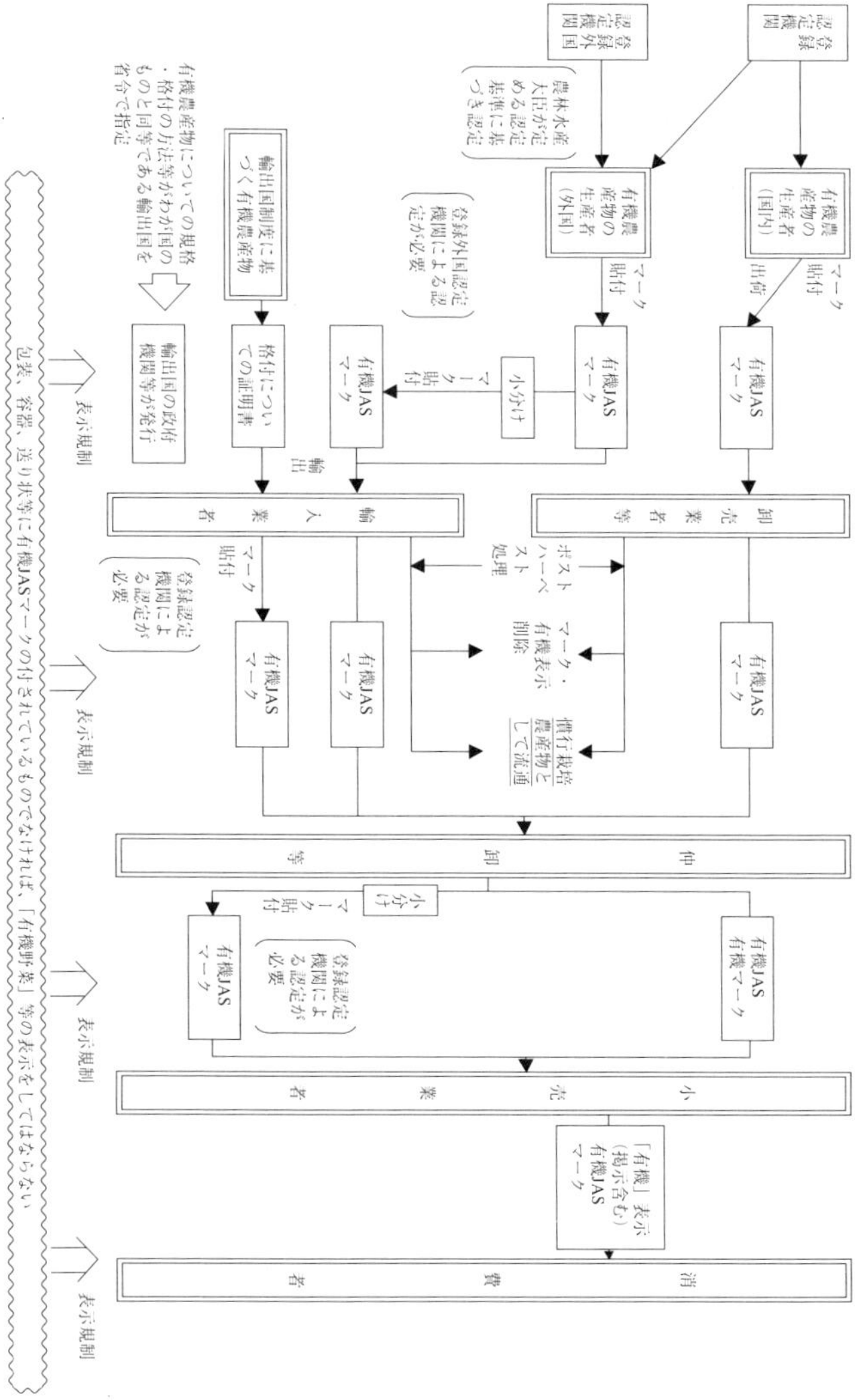

図66　有機農産物の検査・認証・表示の概念図（並木）

流通、販売することができなくなったわけです。紛らわしい物は見分けしやすくなり、無用な混乱はなくなるので、消費者にとっては喜ばしいことになりましょう。また、今まで本当の有機栽培に、一生懸命に取り組んできた人達にとってはやり甲斐が一層でてきたことでしょう。

これからは条件が厳しいだけに、有機栽培の野菜の出回り量はかなり少ないものとなるでしょう。何しろ生産できるほ場が限られ、労力がかかり、品目が限られ、収量や外観はどうしても普通栽培の野菜に較べて劣る場合が多くなります。従来の品質基準にとらわれることなく、安全・安心を高く評価し合う、生産者と生活者の交流による農法、産物に対する共通意識を築きあげること、生産者が再生産可能な価格の形成、生産者の暮らしの保証など多くのことが、これからの展開のために極めて大切なことになってきました。

新しくとり組もうとする場合には、まず改正ＪＡＳ法をよく理解することからはじめねばなりません。そして消費者に直接的につなげる流通ルート、販売方法を検討してつくり上げることが必要であり、そのことを含めて優良な先進事例を十分に勉強、検討することが大切といえましょう。

参考図書（ＡＢＣ順）

（1）芦澤正和・内田正宏監修：花図鑑野菜、草土出版（一九九六）
（2）大日本農会：戦後における野菜の周年生産と関連技術の展開、農業臨時増刊号（一九九五）
（3）江口庸雄：蔬菜園芸、西ケ原刊行会（一九三九）
（4）江澤正平監修：食卓を楽しくする野菜の知恵袋、家の光協会（一九八八）
（5）藤井健雄・板木利隆：蔬菜生産技術４・キュウリ、誠文堂新光社（一九六一）
（6）藤枝國光：野菜の起源と分化、九州大学出版会（一九九三）
（7）福羽逸人：野菜栽培法　明治農書全集六、農村文化協会（一九八四）
（8）小島道也・伊東　正編著：食べ物の科学　穀物・野菜・果物、日本放送出版協会（一九八三）
（9）板木利隆：施設園芸装置と栽培技術、誠文堂新光社（一九八三）
（10）板木利隆他二：養液栽培の実用技術、農業電化協会（一九九五）
（11）板木利隆：季節をこえた野菜たち　百年をみつめ21世紀を考える、農林水産技術情報協会（一九九三）
（12）板木利隆：施設型農業の進化と技術の概観　先進型アグリビジネスの創造、ソフトサイエンス社（一九九九）
（13）伊東　正編著：野菜の栽培技術、誠文堂新光社（一九八七）
（14）ＪＡ東京中央会：江戸・東京ゆかりの野菜と花、農村文化協会（一九九二）
（15）日本施設園芸協会編：四訂施設園芸ハンドブック、園芸情報センター（一九九八）

(16) 日本施設園芸協会編：激増する輸入野菜と産地再編強化戦略、家の光協会（二〇〇一）
(17) 西　貞夫監修：野菜園芸ハンドブック、養賢堂（一九八八）
(18) 西　貞夫編著：野菜のはなしI・II、技報堂出版（一九八八）
(19) 農林水産技術会議事務局編　戦後農業技術発達史(続)五　野菜・花き作編、農林水産技術情報協会（一九八二）
(20) 大久保増太郎：日本の野菜、中公新書、中央公論社（一九九五）
(21) 杉山直儀：江戸時代の野菜の栽培と利用、養賢堂（一九九八）
(22) 高野泰吉編著：野菜をつくる　園芸の世紀2、八坂書房（一九九五）
(23) 野菜供給安定基金編：野菜の生産・流通技術、30年の軌跡　農林統計協会（一九九六）
(24) 野菜供給安定基金調査情報課編：輸入野菜の動向、農林統計協会（一九九九）
(25) 野菜生産流通問題研究会編：日本の野菜、地球社（一九八八）
(26) 吉川宏昭他二監修：新しい野菜・珍しい野菜、園芸情報センター（二〇〇〇）

おわりに

昔は野菜を作る人と食べる人が同じであったり、その距離が近かったのですが、時代とともにその距離が遠のき、その間に荷造りする人、運ぶ人、売る人、加工する人等々、見知らぬ人が多く携わるようになって、今ではお互いの顔が見えなくなり、情報も十分伝わらなくなってきました。全消費量の一六％もの多くの野菜が、海の彼方の畑で作られているほどなのです。もっと驚くべきは、野菜消費量の五〇％までもが、外食・中食の業務用から全く姿を変えた形でとられていることです。生活者の都市集中、経済合理性などからみれば、距離が遠くなるのはある程度やむを得ないとしても、情報の伝わり方までも悪くなり、育てる人や生産現場の実態や問題、食べる人の生活や考えなどの相互理解がなされなくなってきました。

近ごろ、流通形態が急速に変化して、産直や直売、契約栽培が増え、有機栽培に対する関心や、伝統の京野菜の人気が高まったり、また、自家菜園で手づくりの新鮮・安全な味を楽しむ指向が高まってきたのも、両者の距離を近づけ、素姓の知れた野菜を食べたいという願いの現れとみてよいのではないでしょうか。

私もかなり広い菜園をもち、手作りの野菜をつくり、たくさん食べ、親しい人たちに食べてもらったりしていますが、流通しているものとの味の違いが余りにも大きいのに驚いたり、昔の野菜と今の野菜の評価は種類によって一様でないことや、新しい野菜の食べ方を知ってもらえば、野菜とのつきあいはもっともっと深く楽しくなるであろうことなどを感じたりしています。

今の時代は、健康に関する知識は日々増えていますが、現実には健康的な食生活を送る方向には歩んでいないのではないでしょうか。野菜について考えてみても、個々の野菜の栄養価や機能性についてはメディアを通して、あるいは勉強会などで知る機会は大変多くなっていますが、実際には外食、中食がどんどん増え、少量の数少ない生野菜ですませることが多くなっている方が増えているのです。

若い女性は食費よりも電話料の支出が多く、年々その差が開いてきていること、六〇才以上の男性の野菜消費量が少ないことなどはその端的な表れではないでしょうか。

素姓がわかり、安全で新鮮な、おいしい野菜が何時までもたくさん食べられ、より多くの人が健康な生活を営めるよう、育てる人と食べる人の考えをもっと活発に交換しあいながら、新しい時代の野菜の在り方を探らなければと、平素のコンサルタント活動や畑での作業をしながら、あるいは野菜を食べながら考えている次第です。

著者紹介

板木利隆（いたぎ　としたか）

板木技術士事務所 所長　技術士、農学博士.

1929年　島根県に生まれる.
1950年　千葉農業専門学校（現千葉大学園芸学部）園芸学科卒業.
1950年　千葉大学園芸学部助手.
1954年　神奈川県農業試験場園芸分場（後に園芸試験場に改称）勤務.
1979年　園芸学会功績賞を受賞.
1983年　神奈川県園芸試験場 場長.
1985年　神奈川県農業総合研究所 所長.
1987年　全農業技術センター技術主管.
1987年　茨城県農業大学校非常勤講師（現在に至る）.
1993年　農業試験研究一世紀記念会会長賞を受賞.
1993年　板木技術士事務所 所長.
千葉大学園芸学部非常勤講師（'96年まで）.
全農技術嘱託（現在に至る）.
1997年　接ぎ木苗活着促進装置の発明に対し中国通商産業局長賞を受賞.

主な著書　「施設園芸　装置と栽培技術」（誠文堂新光社）、「施設園芸における環境制御技術」共編著（ソフトサイエンス社）、「養液栽培の実際」「電気利用による野菜の育苗と栽培」共著（農業電化協会）、「野菜づくり育て方相談」（小学館）、「図解やさしい野菜作り」「イラスト家庭菜園」（家の光協会）、「校庭の作物」共著（全国農村教育協会）、「家庭菜園大百科」（家の光協会）、その他研究論文、図書・事典・ハンドブック（共同執筆）など多数

ぜひ知っておきたい　昔の野菜 今の野菜

2001年6月30日　初版第1刷発行

著　者　板 木 利 隆

発行者　桑 野 知 章

発行所　株式会社 幸《さいわい》 書 房

東京都千代田区神田神保町1－25

電　話　東　京(3292)3061(代表)

振　替　口　座 00110-6-51894番

㈱平文社

ISBN 4-7821-0188-0 C1061